U0018339

鐵器時代晚期的青銅野豬，出土自法
國奈維－昂－蘇利亞斯（Neuvy-en-
Sullias）。

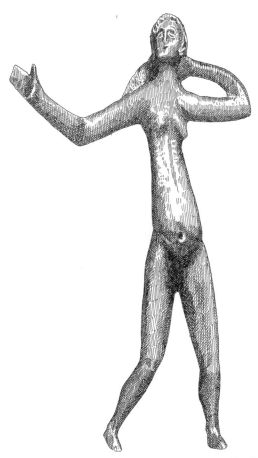

鐵器時代晚期女性舞者青銅雕像，出土自法國奈維—昂—蘇
利亞斯。

THE

西方四大神話
3

A GUIDE TO THE ANCIENT GODS AND LEGENDS

靈與異之

凱爾特神話

CELTIC

CELTIC

米蘭達●奧爾德豪斯—格林

MIRANDA ALDHOUSE-GREEN

劉漪 譯

MYTHS

作者的話

這本書能夠順利出版，必須感謝很多人。我要感謝我的家人和朋友，耐心地忍受我對於神話的痴迷。我非常感謝 Thames & Hudson 出版社，特別是科林（Colin）和愛麗絲（Alice）。我的三隻緬甸貓——蒂朵（Dido）、波瑟芬妮（Persephone）、塔利辛（Taliesin）——在我漫長而又孤獨的寫作時光裡一直陪伴著我。我將這本書獻給史蒂芬（Stephen），我想告訴他我有多感激他，以及謝謝他對我無止境的支持。

目次

於是，所有人中最敏銳的康納爾，讓德魯伊十人一組圍繞著他，說道：「庫胡林就埋伏在那，過了死寂的三天以上，他才會現身，要把我們全部殺死，但縈繞在他耳邊的歌聲會讓他產生幻覺，讓他和萬馬奔騰的海浪搏鬥不已。」德魯伊就此施展祕術，吟唱三日之久。

———————————葉慈（W. B. Yeats），《庫胡林與海浪的搏鬥》
（*Cuchulain`s Fight with the Sea*）

大西洋

杜斐爾尼

布里奧特
斑因河
多尼哥郡
德里郡
安特里姆郡

基爾克魯尼

阿爾斯特

利特林郡
阿爾瑪赫
艾汶瑪卡
納文要塞
阿馬郡

斯萊戈郡
克什凱瑞甘
諾斯
羅斯康芒郡
朗福德郡
卡文郡
紐格萊奇
克魯卡欣
科利爾
米斯郡
塔拉
康納赫特
博因河
基爾代爾郡

阿索龍
奧法利郡
萊因斯特

香農河

諾爾河
巴爾河

利默里克郡

阿爾達

芒斯特

凱里郡
阿努之乳

斯凱利格‧邁克爾

愛爾蘭海

北

0   60公里

0   40英里

本書提及的愛爾蘭地區及地點

本書提及的英格蘭和威爾斯地區及地點

序

凱爾特人的世界：空間、時間及證據

高盧全境分為三部分：其中一部分住著貝爾蓋人；另一部分住著阿奎丹尼人；第三部分才住著我們所謂「高盧人」的民族，儘管在他們自己的語言裡是自稱為「凱爾特人」。

——凱撒，《高盧戰記》第 1 卷第 1 章

本書主要關注的是中世紀初期在愛爾蘭（Ireland）和威爾斯（Wales）文獻中記載的神話故事，這些文字記錄於 8 至 14 世紀之間。當我開始提筆寫一本以「凱爾特神話」為題的書籍時，內心是很躊躇的。自 1990 年代初，考古學界就強烈質疑過，用「凱爾特」描述鐵器時代的西歐、中歐諸民族是否恰當。其中，用「凱爾特人」指稱古代不列顛人的做法，更是受到特別猛烈的攻擊。儘管許多古典世界的作者都曾將高盧地區（大概相當於今天的法國、瑞士、萊茵河以西的德國、伊比利半島東北部以及義大利最北部）的民族稱作「凱爾特人」，但他們並不認為不列顛的人民也是凱爾特人。羅馬人將不列顛民族稱作「不列顛人」（Britanni）。

反對用「凱爾特人」這個統稱，提出的最主要理由是：當我們用它來形容古代歐洲人時，會使幾個世界觀和文化都明顯不同的民族之間的界限變得模糊，並把一些地區（例如歐洲最北

部）排除在「凱爾特」這個統稱之外，而考古學證據卻顯示，該地人們和他們的南部鄰居有許多文化上的共通相似之處。凱撒大帝（Julius Caesar）對高盧（Gaul）很熟悉，因為他曾在那裡駐軍將近十年之久。他的名作《高盧戰記》（*De Bello Gallico*），開篇就把這個地區分為三個不同文化的民族，讓這種分類廣為人知：分別是西部的阿奎丹尼人（Aquitani）、東部的貝爾蓋人（Belgae），以及位於中部的凱爾特人（Celts）。凱撒特別強調，最後這個族群自稱為「凱爾特人」。這一點很重要！大多數時候，我們無法斷定史前群落的自我身分認同，因為他們尚未學會使用文字，無法留下關於自己的書面紀錄。不過，即使凱撒使用了「凱爾特」一詞，很可能只是為了方便而做出的籠統劃分，實際上卻掩蓋了這個群體內部的巨大差異性。

儘管確立古代和中世紀初期的民族身分延續性頗為麻煩，但它們之間有一個重要的連結因素：那就是語言。所有證據（例如早期十分罕見的銘文，或是希臘—羅馬地理記載的地名）都支持這樣的論斷：人們今天所知、所講的凱爾特諸語言，都確定是從古典時代流變而來，因為它們身上都有高盧語、凱爾特伊比利語（Celtiberian）和古英語的痕跡。誠然，語言不能簡單地等同於民族身分，但語言的確有助於民族身分的延續。例如，大家都認可英國之外的地區對英語的使用，使他們在一定程度上都受到同一文化身分的浸染，儘管各個英語國家之間也存在著一定的文化差異。

名字在本質上就是一種標籤。古代希臘包含了一系列的城邦

國家——雅典（Athens）、斯巴達（Sparta）、科林斯（Corinth）等等，他們講著相同的語言，但卻各自將自己視為完全不同的文化。羅馬帝國囊括了古代廣大的領土：從不列顛到阿拉伯的各個行省，人們都認為自己既屬於各自的本土民族，同時也是帝國的一分子。因此，在《聖經‧使徒行傳》中，大數的保羅（Paul of Tarsus）信心十足地宣稱，自己既是一名羅馬公民，同時也是「希伯來人所生的希伯來人」。因此，問題就變成了：「凱爾特」這個「標籤」，用來描述共用某些重要文化元素的民族，真的比「希臘」或「羅馬」更缺乏正當性嗎？我認為答案是否定的。

　　另外一個需要考慮的問題是：用「凱爾特」來描述我們現在理所當然認為是屬於「凱爾特」範圍的那些民族——愛爾蘭人、威爾斯人、蘇格蘭人（Scottish）、康瓦爾人（Cornish）、曼島人（Manx）、布列塔尼人（Bretons）和加利西亞人（Galícians）——這種做法源起何處。16世紀的古典學者喬治‧布坎南（George Buchanan）首次提出這樣的觀點，認為凱爾特人是生活在愛爾蘭和不列顛本土的統一民族。因此，後來將威爾斯、愛爾蘭及西歐邊陲的民族納入「凱爾特」的概念之下，是現代才出現的做法（與凱撒用凱爾特人來指代他在歐洲大陸上遇到的民族，已完全不同了）。儘管如此，作為「一個凱爾特人」的自我認同感，對於現代居住於凱爾特諸民族地區（例如愛爾蘭、威爾斯）的人們來說，仍然至關重要。如果人們相信自己擁有某一身分，那麼這種信念本身就足以認可這樣的自決行為。如若不然，「身分」的建構又能以什麼為依據呢？

這些關於「民族性」（ethnicity）的討論，對我們將要介紹的凱爾特神話有何影響？當試圖在早期異教中世紀文獻中呈現的宇宙觀，與更早之前鐵器時代及羅馬時代的高盧─不列顛的考古學記載中的宇宙觀之間建立關聯時，我們面臨一個重要問題：現在人們找到的神話文本主要來自於威爾斯和愛爾蘭，但指向有一個「凱爾特」異教的大部分考古學證據，卻都在今天英格蘭和西歐發現。於是來自鐵器時代和羅馬統治時代的考古證據，就與中世紀凱爾特神話文本的發源地之間，存在著一些地域差異。儘管人們在中世紀的高盧和不列顛並沒有發現與同時代威爾斯和愛爾蘭傳說同源的神話，但也不能就說這些神話並不存在。實際上，有很明確的跡象指出，這兩個區域的民族曾共用一套宇宙觀系統。最明顯的例子是「科利尼曆」（Coligny Calendar，參見 217 頁），它是在高盧中部找到、以高盧語寫成的一部曆法，可以追溯到西元最初幾世紀，上面提到的薩蒙尼奧節（Samonios），顯然與愛爾蘭的新年慶典薩溫節（Samhain）必然是同一個節日。這兩個地區的文化還有很多類似的相似之處，我們將在後面的章節中逐一討論。不過，也不能因此就認為凱爾特神話傳說反映了鐵器時代的社會風貌。學界已經達成共識：這些神話傳說中所詳細描繪的愛爾蘭，例如庫胡林（Cú Chulainn）的武器和戰車，都屬於中世紀初期，而非來自於更久遠的史前時代。

儘管本書主要是關於神話傳說，但也需要將記載傳說的文獻放到適當的背景中去理解。因此，我在書中將會時常穿插一些相關的早期考古學證據，這些證據不僅限於「凱爾特西方」

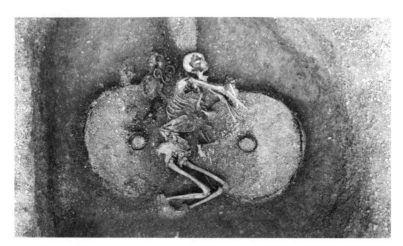

1984 年在東約克郡（East Yorkshire）的威頓（Wetwang）發現了一名埋在鐵器時代戰車裡的年輕女子。

的範疇，還包括更東邊的地區，因為很多傳說人物和儀式的源頭，可能來自於古代的布列塔尼人和高盧人聚居的地區。將文獻和物質文化資料結合起來，可以向我們提供一幅豐富而全面性的畫面：讓我們瞭解，當時已知世界的西部邊陲上的人們，和他們的神靈之間的關係與信仰，以及當地本土異教和外來宗教產生碰撞時的情景。對於古典時代的布立吞人（Briton）和高盧人來說，他們除了自鐵器時代延續下來的異教信仰和習俗之外，也不得不去適應和吸收羅馬人帶來的「更多」宗教。再之後，基督教則成了凱爾特異教面臨的最大挑戰。

　　藝術是考古證據的其中一面，不僅可以將鐵器時代的歐洲人連在一起，而且還擴及後來的中世紀初期。凱爾特——或拉坦諾（La Tène）——藝術起源於西元前 1000 年中葉。其豐富

而多樣的表現手法，既從自然世界，也從靈性想像裡夢幻般的超現實主義中汲取靈感，並且體現為各式各樣的藝術形式。然而這些藝術形式在更高層面上有著統一性，它們的創作者和消費者都以同樣的方式感知並表達他們的世界。這些感知和表達方式中的某些元素，在時間的長河中被保留下來了，不僅在早期基督教藝術中有所體現，例如凱爾特地區十字架上的裝飾；部分也滲透到了中世紀凱爾特傳說本身之中。因此，那些具有魔力的頭顱、三合一（triple）的神祇、被施了魔法的大鍋（cauldron）和半人生物，既活躍在鐵器時代的藝術作品中，也同樣存在於後來的神話傳說裡。作為這些文化傳統在時間長河中的維護者和保存者，我們需要比德魯伊（Druid）——這些時間的主人、過去的收藏者——看得更遠嗎？凱撒等古典時代的作家，提到高盧和不列顛的德魯伊時，稱他們為宗教領袖和導師，他們是其祖先神聖口述傳統的守護者。

關於發音的說明

不要被許多愛爾蘭和威爾斯名字的奇怪拼法嚇到！正確發音或許比較困難，但下面幾個例子可能有所幫助。

愛爾蘭文或 威爾斯文	對應的英語發音	中譯
Pwyll	Pooilth	普伊爾
Matholwch	Matholooch（ch 類似於 Scottish 的 loch；重音在第二個音節上）	馬瑟路夫
Culhwch	Keelooch	庫爾威奇
Medbh	Mayve	梅芙
Cú Chulainn	Coo Hulayn（重音在第二個單詞的第一個音節上）	庫胡林
Oisin	Oysheen	奧伊辛

1

口耳相傳：
傳說的生成

煙霧散去後，看哪，所有的地方都被光明充滿。當他們想以舊日習慣
的方式去尋找自己的羊隻、牛群和房屋時，這些全都不見了蹤影：沒
有房子，沒有牲畜，沒有煙，沒有火光，沒有人，更沒有人們聚居的
群落，只見空無一人的宮殿矗立在眼前，荒涼又寂寥，剛剛還在這裡
的人們和獸群全都不見了，只剩下他們四人面面相覷，不知道自己的
同伴去了哪裡，發生了什麼。

——《馬比諾吉昂》（*Mabinogi*）第三分支

　　神話就像寓言一樣，飄忽而難以捉摸。現代的恐怖電影，
無論是關於吸血鬼、鬼魂，還是復活的埃及木乃伊，因為它們
允許人們在一個相對安全的環境中探索人性中最黑暗的部分，
所以都能被人們接受。在某種意義上，我們也可以這麼來看神
話，然而神話要比恐怖電影複雜得多。其中部分原因是神話幾
乎總是和宗教信仰有關（經常涉及神力）；另外也因為神話中
蘊含著回答許多人類最關心的問題：我們是誰？我們為什麼會
在這裡？我們的世界為什麼會是這個樣子？世界是如何被創造
出來的？我們死後會發生什麼事？神話也探究各種「入門儀

式」的相關主題：出生、青春期、婚姻和死亡。某些神話，尤其是來自凱爾特世界的神話，藉由關心性別角色、處女和母職、生殖力，以及理想的男性和女性行為等道德問題，來探討善與惡、貞潔、暴力、強暴和背叛、戰爭和倫理。

在那些無法用理性解釋回答以上問題的社會中，神話就會蓬勃發展。神話故事是象徵性的，它們會以一種易於理解的方式探討這些複雜的問題。神話可以用來解釋創世、自然現象和自然災害（如洪水、乾旱和瘟疫）、晝夜交替的奧祕、天體和四季的循環。它們經常與所謂的「聖人」做的夢、看到的異象有關；「聖人」是一群有能力預知未來、感知超自然世界的男女。神話傳說的世界裡住滿了神祇和英雄，這些故事講述超自然世界和物質世界之間的關係。它們可以為過往民族的離去提供神聖層面上的解釋，這些民族已經消失了，只留下了廢棄的紀念碑和墓葬遺址，以及房屋和公共集會的場所。它們也能解釋不同群落之間敵意的緣起和領土的爭端。最後，神話常常還是很棒的娛樂故事，適於在寒冷的冬天圍坐在火爐邊講述，消磨漫漫長夜。

靈之小徑

之前從來沒有人能在沼澤裡行走，直到歐赫命令手下著手修建這條堤道。所有人將他們的衣服堆在一起形成一個土墩，然後米迪爾就站在土墩上。他們砍下森林的樹幹樹根，填充到堤道下方；米迪爾就站在一旁，催促著各組人員的工作。

————————〈向艾恬求愛記〉（The Wooing of Étain）

考古學的發現，有助於將神話故事群與它們的古代源頭相連起來。西元前 2 世紀中葉，愛爾蘭朗福德郡（Co. Longford）科利爾（Corlea）的一個群落在沼澤地上築造巨大的枕木堤道，連接了沼澤兩邊的陸地。透過築堤所用木材的年輪判斷，這些樹木應該是在西元前 148 年採伐。在堤道的地基之下，埋著一幅奇怪的半人半獸版畫。考古學家推斷這可能是為了祈求工程安全、道路堅固而被埋在這裡的符咒。堤道的各個部分可能是由不同群人所建造；某一面尚未完工，整條堤道尚有幾處缺口。

某些愛爾蘭神話提到在沼澤上建造小徑一事。在神靈米迪爾（Midhir）和他的戀人艾恬（Étain）的故事中，塔爾（Tar）國王歐赫（Eochaid）要米迪爾完成一項「不可能」的任務：在某片無法穿越的沼澤地上建立一條小徑。另一個傳說則講述了兩個群落試圖從沼澤地的兩頭向中間建造堤道，但在合作中發生了爭吵的故事。就在工程臨近尾聲時，這兩個群落鬧翻了，於是堤道一直未能完工。科利爾堤道就是這些傳說中提到的那項工程嗎？還是早期愛爾蘭的說書人，將那些中世紀早期依然能看到的古代道路遺跡，編進了他們自己的故事呢？

橫跨一片愛爾蘭沼澤的枕道。建造於西元前 148 年，位於朗福德郡的科利爾。

介紹威爾斯和愛爾蘭的神話 ○

威爾斯和愛爾蘭的主要神話，都是在 8 到 14 世紀之間的中世紀手抄本發現的。這些用散文寫成的三個故事群，組成了我們今日所知的愛爾蘭神話。其中最早的是阿爾斯特故事群（Ulster Cycle），最重要的作品是《劫掠庫林之牛》（*Táin Bó Cuailnge*），講述阿爾斯特和康納赫特（Connacht）兩個地區之間史詩般的戰爭，雙方的主要人物分別是阿爾斯特的大英雄庫胡林，以及康納赫特的陰險女王梅芙（Medbh）。歷史上的阿爾斯特省在 5 世紀末就已經失去了它大部分的政治影響力，但在《劫掠庫林之牛》發生的年代，阿爾斯特還是一支很顯赫的勢力，所以推斷應該有更早的故事群起源。我們所知這個故事的第一個版本（抄本）是 11 世紀《赤牛之書》（*Book of the Dun Cow*）的殘篇，但這本書所用的語言可能來自更早的 8 或 9 世紀。阿爾斯特故事群另一個經典文本來源是 11 世紀的《勒孔黃書》（*Yellow Book of Lecan*）。至於另兩組故事——傳說故事群（Mythological Cycle）和芬恩故事群（Fenian [or Fionn] Cycle）——均最早見於 12 世紀的版本。前者包含的故事種類最為豐富，其中包含了對異教神祇生動的描述；而後者則專注於講述一位名叫芬恩（Finn）的英雄的生平歷險，他是著名的軍事領袖，也是智慧的守護者。

威爾斯神話則主要保存在兩個故事集裡：《萊德西白書》（*White Book of Rhydderch*）和《赫格斯特紅書》（*Red Book of Hergest*）。前者成書於 1300 年左右，而後者則成書於 14 世紀晚期。其中神話內容最豐富的故事是《馬比諾吉昂》的四

個分支（the Four branches [section] of the *Mabinogi*）——或俗稱為「馬比諾吉昂」（Mabinogion）和〈庫爾威奇與奧爾溫〉（Culhwch and Olwen）。其他故事中也有一些重要的神話素材，包括〈皮爾杜〉（Peredur）、〈羅納布伊的夢〉（The Dream of Rhonabwy），以及一個殘篇故事〈安農的戰利品〉（The Spoils of Annwfn）。神話的另一個分支主要是關於亞瑟王（King Arthur）這位英雄人物，以及他和騎士們尋找聖杯（Holy Grail）的歷險。這部分內容主要見於中世紀法國的亞瑟王傳奇，其中最著名的作者是克雷蒂安・德・特魯瓦（Chrétien de Troyes）。亞瑟在威爾斯神話中也多次出現，特別是在〈庫爾威奇與奧爾溫〉和〈皮爾杜〉這兩篇英雄故事中。

最早的愛爾蘭和威爾斯神話手抄本中的兩頁。左頁來自《赤牛之書》，其中包含了我們所知最早的《劫掠庫林之牛》文本。右頁來自威爾斯的《赫格斯特紅書》，其中包含最早的《馬比諾吉昂》抄本。

神話的聲音：
當故事表述從口述表演到書寫成字 ○

　　凱爾特神話源自早期「說書」的口傳文學傳統。就如同樂師穿梭在宮廷之間，為貴族提供娛樂；或是技藝精湛的手藝人會接受金主的委託，為他們打造嶄新的盔甲或是精美的酒器；詩人和說書人也會到處推銷自己的本事。他們很多人是雲遊各處的表演者，在旅程中會將相同或相似的故事傳播開來。另外一些說書人則與中世紀的宮廷小丑類似，他們屬於特定的地方，這些人的故事會具有更多的本地色彩。但總體而言，因為故事只存在於人們的腦海中，所以它們會逐漸發展演化，也會因應各時各地的情境而變化，因此每次講述都不會完全相同。比如，說書人來到一地，他或許會為了讓當地群眾能更欣賞他的表演，而將本地的風景地貌（山巒、河流、樹木等）都編進自己的故事中。這些神話故事是活生生的，隨著時間的推移而不斷變化發展，也會因說書人的風格、技藝，以及聽故事的社群的經歷，被修飾成不同的模樣。

　　「我們的習俗是這樣的，大人，」格溫蒂昂說道，「在我們來到一位大人物家中的第一夜，會由首席詩人表演。我很樂意開始講故事。」格溫蒂昂是世界上最厲害的說書人。那天晚上，他用滑稽有趣的故事和軼事引得整個宮廷陣陣發笑，到最後每個人都為他的魅力傾倒了，皮德瑞也樂於和他交談。

――――――――――――　《馬比諾吉昂》第四分支

在阿馬郡發現一個叫做「坦德里吉偶像」的鐵器時代雕像，模樣可能就是一位愛爾蘭早期說書人。

在威爾斯東南部喀爾文特發現一個羅馬─不列顛晚期的砂岩張嘴頭像，可能是枚「神諭石」。

神諭石

前基督教時代愛爾蘭和威爾斯的這些石刻雕像，「可能」代表著說書人正在表演。這些雕像刻出人頭的樣子，其中很多嘴巴大開，像是正在講話或唱歌。其中一個在愛爾蘭阿馬郡（Co. Armagh）紐里市（Newry）發現的雕像很特別，叫作「坦德里吉偶像」（Tanderagee Idol）。它的樣子是一個正在講話的人，雙脣極厚，嘴巴大張，戴的頭飾似乎飾以牛角；右臂橫在胸前，呈現演說者的典型姿勢，但手中握的可能是某種魔法石。有種解釋很有吸引力：認為這是一位先知或薩滿（Shaman），佩戴的動物符號指出他可能具有變形的能力，可以與諸神交流，並向社群散播來自神靈的智慧。傳統的薩滿經常使用動物的形象，因為他們藉此接近其他異世界。因此薩滿經常穿戴獸皮斗篷或牛角。坦德里吉偶像的年代尚未能精確判定，但它很可能是鐵器時代晚期

或中世紀早期的作品。

威爾斯也有自己的古代「神諭石」。位於威爾斯東南部的古羅馬時代城市喀爾文特（Caerwent）曾是志留人（Silures）的首都，志留人曾在 1 世紀中葉頑強抵抗羅馬人的入侵。這個城鎮發展得更晚一些，大部分公共建築都建於 4 世紀。城中一處豪宅花園盡頭有座小神祠，裡面矗立著一座砂岩雕成的頭顱塑像，也是大張著嘴，像是在講話或歌唱的樣子。很容易想像，前來這座小聖所的訪客，會從這個具有魔法力的石雕頭像口中聽到神靈的話語。

威爾斯語將中世紀說書人叫做「cyfarwydd」，這個詞的意義是理解說書人在社會的角色和地位的重要關鍵。因為這個名字包含一系列不同的含義：嚮導、知識淵博的人、專家、有洞察力的人。說書人之所以力量強大，就在於他保管著傳統、智慧和祖先的知識，而這些正是一個社群的凝聚力之所在，是這些賦予了他們世界的深度和意義。一個說書人，除了能背誦和複述好故事之外，故事還必須經過精心設計，包含豐富的深意。

我們對說書人的實際表演所知甚少。然而，有時我們也能窺見一點專業神話說書人的體驗。他們所講的故事文本本身極少傳達出這種體驗，但在《馬比諾吉昂》第四分支中，有一個瞬間可以讓我們瞥見說書人的這類體驗。魔法師格溫蒂昂（Gwydion）來到威爾斯領主皮德瑞（Pryderi）位於西威爾斯的泰菲谷羅德蘭（Rhuddlan Teifi）宮廷，要以說書人的身分獻上自己的表演。他整晚為宮廷帶來歡樂，而被奉為「所知最

屬害的說書人」。所有侍臣都熱情設宴款待他，領主皮德瑞也不例外。

在中世紀的威爾斯，口述故事和詩歌很相似，說書人通常也是詩人。當然現代讀者只能通過文本形式來接觸這些故事，但即便如此，我們仍然能從一些洩露的技巧讀出這些故事是來自口傳文學的跡象。故事中每一節都很短，自成一體，以便聽故事的人（及說書人）記憶。其中使用的字彙多有重複，也是為了令人印象深刻。第三種技巧「姓名標籤」也有同樣的作用，是透過使用和解釋具有特殊含義的人名及地名來強化記憶。此外，還有使用數字，最常見的就是「三」，這些數字本身帶有某種魔力，同時又具有建構敘事讓故事好記的作用。

威爾斯的故事通常有豐富的對話，說書人需要用不同的聲音來表現，從怪物到少女，從年邁的智者到小男孩等一系列角色，甚至還需要模仿各種野獸的嘶叫和低吼聲。故事裡經常有長長一串名字和物品清單，需要抑揚頓挫地大聲念出。對話有詩歌的韻律，回答問題時會重複一次問題，接受命令時會重複一遍命令，這些都是幫助聽眾理清敘事脈絡、加深記憶的手法。

然而威爾斯和愛爾蘭的中世紀故事之所以不僅是口述詩歌，而是進入了神話範疇，是因為其中的超自然力量和神靈元素的存在。愛爾蘭的散文體故事似乎是以上古傳說書寫成字，其中異教泛神論盛行，神靈的力量瀰漫在天地萬物之中，無所不在。而在威爾斯的故事版本裡，異教泛神論的元素則沒有那麼顯著，實際上，其中還曾多次提及基督教的上帝。不過，如果

我們剝去表象，這些故事的深處也潛藏著許多與基督教傳統相異的複雜形象：具有超自然力量的人物、神靈、薩滿、可以隨意轉換形態的存有等等。

神話的藝術和藝術的神話 ○

某些器物方面的證據，能幫助我們填補傳說中這些故事群的上古起源，與中世紀早期才形成的書面記載之間缺失的環節。由於早期居住在歐洲大陸和不列顛島上的凱爾特人尚未發明文字，因此在中世紀早期之前，沒有這些神話傳說的文獻記載。如果我們想得到任何能證明早期神話在鐵器時代和羅馬統治時期已廣為流傳的證據，唯一可以追溯蛛絲馬跡的地方就是所謂

必要的怪物：從神話的動物園到《星際大戰》的酒館

然後他們變成了兩位戰士，互相劈砍。然後又變成兩個幽靈，彼此恫嚇。然後又變成兩條龍，向對方的土地噴吐雪片。他們倒在地上，又騰空飛起，變成兩條蛆蟲。其中一條進入了庫林的可隆（Cronn）河，在那裡被費齊納（Fiachna）之子戴爾（Dáire）的牛喝下了肚子，另一條進入了康納赫特的加拉德（Garad）井，梅芙和艾利爾（Ailill）的牛喝下了牠。就這樣，兩條牛誕生了，一條是芬本納赫（Finnbennach）的白角牛，一條是庫林的黑牛。

——《劫掠庫林之牛》

在德國萊茵海姆一處墓葬中，發現了西元前 4 世紀酒壺上的人頭馬身青銅像。

波赫士（Jorge Luis Borges）1957 年出版的文集《幻獸辭典》（*The Book of Imaginary Beings*）前言中提出這樣的觀點：神話傳說中總是會有怪物的身影，因為真實的動物是人類經驗極為深刻的部分，而怪異的動物是真實與想像的結合體，是構成美夢和惡夢的材料。希臘古典神話中將人和馬的樣子合為一體的半人馬，在凱爾特傳說中也有對應的部分：威爾斯的駿馬女神里安農（Rhiannon）。希臘克里特島的米洛陶諾斯（Minotaur）是可怕的牛頭人身怪，在愛爾蘭神話中變成是阿爾斯特和康納赫特的牛戰士，這些牛戰士擁有人類的語言和智力；威爾斯傳說中被施魔法的野豬怪圖夫圖茲（Twrch Trwyth）也與米洛陶諾斯的形象有關。波赫士甚至進一步提出，怪物對於人類社會是「必要」的。在今天，那些對異世界的可能性心馳神往的人，也構想出了星際怪獸的形象，其中最鮮明的例子可能就是電影《星際大戰》（*Star Wars*）中的酒館，天行者和韓索羅（Han Solo）在那裡遇到了來自宇宙各角落的怪異、神奇生物。這些都是我們的現代神話創造出來的。

的「敘事性」圖像，其中包含多個相互關聯的、似乎在講同一個故事的圖像。但即使能辨認出這些圖像，我們對它們的意涵也只是猜測而已。

瀏覽任何一本關於凱爾特藝術的書籍，你都會找到許多充滿奇思妙想的傳說生物，它們全都能在現實世界找到原型；但它們呈現的手法，以20世紀的術語來說，堪稱「超現實主義」了。頭上長著山羊犄角的蛇、三張臉孔的人、三隻角的公牛、人頭馬身的動物、頂著巨大公鹿角的人，這些傳說生物中最顯眼的意象就是人頭。

凱爾特藝術的黃金時代是在西元前 5 至前 1 世紀之間；但在不列顛的西方和北方邊陲，甚至在進入羅馬時代後仍繼續發展，直到 2 世紀為止。至於幾乎完全不受羅馬文化傳統影響的愛爾蘭，即使在基督教傳入後，本土藝術風格仍然沒有中斷。以中世紀早期的泥金裝飾手抄本和石質十字架等形式表現的愛爾蘭本土基督教藝術，包含了很多直接沿襲自異教神話元素的意象和表現手法：數字三、人頭、怪異的混種生物。毫無疑問地，這意謂著最後一支愛爾蘭凱爾特藝術，與才誕生的神話文本，曾經在同一時空並存過。

神話的主題 ○

說書是一種口說敘事的技藝。講述凱爾特神話故事的說書人經常會使用某些敘事方法，或是重複出現的主題，當我們進

一步探究這些故事，某些模式和主題會一再浮現。這些元素不僅標示著它們是源自神話產出的口述傳統，它們還能向我們展示，生活在當時的人最關心和憂慮的事情是什麼。最關鍵的是，這些傳說故事的許多主題都能與考古學家發現的器物證據互相印證，正如以下三個例子所示。

魔法大鍋

一天，我正在愛爾蘭的土地上打獵，在一座臨湖的小土丘頂，那片湖叫做「大鍋之湖」。在那裡，我看見一個留著金紅色頭髮的大塊頭男人，背上背著一個大鍋，從湖中走了出來。那個男人看上去十分凶惡恐怖，身材魁梧，邪惡宛如強盜，身後還跟著個女人。要說他的塊頭就已經算大了，好傢伙，那女人足足有兩個他那麼壯。這兩人向我走來和我打招呼，「這女的，」他說道，「一個半月之後就會懷孕，生下兒子；他一生下來，就會是個全副武裝的戰士。」

―――――――――――――――――― 《馬比諾吉昂》第二分支

　　愛爾蘭和威爾斯神話一直以來都有的特徵之一，就是「魔法大鍋」――一個能讓死人復生、能提供無限食物的神器。愛爾蘭傳說中的神靈達格達（Daghdha）――這個名字的意思就是「好神」――擁有一個永遠不會枯竭的大鍋（參見第 228 頁）。位於愛爾蘭異世界的盛宴核心，也是一口可以源源不絕供應食物的大鍋（參見第 127 頁）。另一個與大鍋有關的愛爾蘭傳說和國王的神聖身分有關：每個新繼位的阿爾斯特國王都需要一邊在大鍋中沐浴，一邊吃下他象徵性地「娶來」的白色母馬所

煮成的肉與湯。

大鍋神話在「凱爾特之池」（Celtic pond）的兩邊都廣為流傳。在《馬比諾吉昂》第二分支中，女英雄布朗溫（Branwen）嫁給愛爾蘭國王時，她的哥哥把一個可以讓死人復生的神奇大鍋當作嫁妝送給國王，國王表示自己對大鍋早有耳聞，知道它最早出自愛爾蘭。從這個故事中我們可以清楚知道，這個容器來自異世界（見上面的引文）、與重生有關，就像達格達的大鍋故事所顯示的一樣。

考古學家在愛爾蘭、蘇格蘭和威爾斯都發現了許多放在沼澤或湖水中，作為儀式道具使用的大鍋，這麼做似乎是因為古代人相信大鍋和水相連。早在西元前 700 年，就有兩只造型精美的青銅大鍋，與許多其他器物一起放在南威爾斯一個叫做林沃爾（Llyn Fawr）的湖中（參見 231 頁），這些器物最初可能是放在湖中一處聖所裡，供四面八方的朝聖者前來祭拜。因為自然的水域和盛水的容器都有使人恢復健康和生機的能力，因而大鍋與水的關聯，就順理成章了。

製成於西元前 1 世紀的古德斯特拉普大鍋（Gundestrup Cauldron）是目前所知的鐵器時代器物中最為壯觀的一件。這個大鍋之所以能夠特別引起我們的興趣，是因為它很有可能是用來記載神話故事。大鍋上的圖像構成了一幅複雜、彼此相互關聯的敘事圖景。這個大鍋於 1891 年在丹麥日德蘭半島（Jutland）中部發現，由鍍金銀薄板製成，飾以浮雕圖案，可以盛裝約 130 公升的液體。這是一個罕見的考古學發現；它顯然非常珍貴，其上裝飾的性質顯示它是用於最高儀式的聖物。

凱麗德溫大鍋（Ceriden's Cauldron）

13 世紀的《塔利辛之書》（*The Book of Taliesin*）中記載一則威爾斯神話故事，講述了一個關於魔法大鍋的動人傳奇。無論是誰，只要吃喝過這個大鍋中的東西，就能獲得知識和靈感。保護大鍋的人叫做凱麗德溫。她有兩個孩子：女兒叫做賽瑞維（Crearwy，意思是「白皙或美麗者」），兒子叫做阿瓦格迪（Afagddu，意思是「黝黑或醜陋者」）。凱麗德溫為了彌補兒子的外貌缺陷，在大鍋中烹煮了一種特別的藥湯，阿瓦格迪喝下它就能獲得終極的智慧。因為這種藥需要煮上一年之久，凱麗德溫派了一個名叫圭昂（Gwion）的年輕男孩替她看著大鍋。在他照料大鍋的時候，三滴藥濺到了他的手上，他沒有多想就舔了舔手指上被燙到的地方，於是無意間得到了凱麗德溫本來要準備給阿瓦格迪的智慧。圭昂立即逃走了，憤怒的凱麗德溫對他窮追不捨，這場追逐最終導致了圭昂重生為偉大的預言詩人塔利辛（Taliesin）。

大鍋由七片外板、五片內板，外加一個底盤組成。人們發現它時是整齊拆開、妥善收納的狀態，藏在一處偏僻的泥炭沼澤中。

　　五個較大的內板分別描繪了一個複雜的場景。在第一片上，一支凱爾特軍隊正在戰鬥，戰死的將士被一位超自然神靈浸到罈子裡，隨即復生。一條長著羊角的蛇監視著這一切，羊蛇混種的外形可能反映著牠扮演的是溝通兩個世界的角色。第二片的場景中有一位長著鹿角的神靈，統領著所有動物，旁邊有幾

在日德蘭半島的古德斯特拉普地區一處沼澤的乾涸地，發現了西元前 1 世紀的鍍金銀質大鍋，上面的浮雕描繪了神靈和神話場景。

隻野獸，包括一頭公鹿和另一條長著羊角的蛇。第三片則刻有一位具有太陽輪的天空之神，身邊圍繞著一圈怪異的動物，有一隻半是鬣狗、半是豹子，有的有四隻腳、又有長而彎曲的喙和翅膀，另外還有一條長著羊角的蛇。第四片則由三幅相同的神聖狩獵場景組成，其中三頭野牛即將被殺死，很可能是用來獻祭的祭品。而第五片則是一位駕著馬車的女神，身側環繞其他夢境般的動物，包括兩隻形似大象、卻長著豹紋的奇異生物，以及更多有喙和翅膀的獸類。

外側七片銀板的畫面就沒這麼複雜了。相較於較大的內板描繪的似乎是一種故事場景或儀式事件，大鍋的外板則更專注於逐一展現凱爾特萬神殿的形象。上面繪製了一整排男女神靈，每位神的特徵不同，有著不同的體態外形、髮型及鬍鬚。與內側圖案描繪的動態場景不同，這些外側圖案全都是靜止不動的

人像；它們靜靜地盯著觀看的人，身邊還伴隨著比較小的人和動物。底盤上刻著的主題則又不同了：中心是一頭垂死的巨大公牛，很可能是頭野牛，正被一名獵人或祭司用來獻祭。

　　古德斯特拉普大鍋似乎同時敘述了一則神話故事，以及展示了一組神靈的形象。我們只能猜測這些畫面的意思，以及畫與畫之間的關聯。很明顯的是，在不同畫面中有幾個一再重複出現的主題，顯然是為了讓畫面之間有所關聯：其中最能說明問題的可能就是那條長著羊角的蛇了，牠在三個內板上都有出現。這條蛇的形象，和那個有鹿角的人形一樣，不只在這個丹麥大鍋出現，最早在羅馬統治時期高盧—不列顛的很多當地雕塑上都能見到這個身影。這暗示著有一組有關宇宙創世的故事殘篇，從羅馬統治時期的不列顛、高盧和萊茵蘭（Rhineland）等地分別流傳了下來。

　　古德斯特拉普大鍋上的圖像講述了一個什麼樣的故事呢？很有可能的一種猜想是，它們與古希臘陶器上繪製的神話場景一樣，是宴飲（symposia）時聚焦人們注意力之用；我們能夠想像，某個吟遊詩人坐在爐火旁的人群中間，把這個大鍋當作「道具」。大鍋上的浮雕圖像在閃爍不定的火光中彷彿活過來，說書人可以為大鍋配上自己的聲音。底盤上垂死的公牛使說書人增添額外的戲劇性，因為公牛的頭上有兩個孔洞，能插入可拆卸的活動牛角（很可能是由真正的牛角製成）來為大鍋注入液體（可能是血或酒），用視覺的方式重演一齣獻祭和重生的神話。

古德斯特拉普大鍋的底盤。
上面描繪了一頭垂死的公牛
正受到一個比牠小很多的人
攻擊，可能是獻祭的場景。

三的魔力

庫胡林到達了弗格爾（Forgall）的堡壘，用他招牌的鮭魚跳躍，躍過
三重圍牆，進入了要塞的中心。在堡壘的中心，他向一組 9 人、共有
三組的不同人馬各使出了一擊，每一擊都殺死了 8 個人，每組人馬
裡只有站在最中央的那個人活下來。活下來的這 3 個人就是埃默爾
（Emer）的 3 個兄弟：斯巴爾（Scibar）、埃博（Ibor）和卡特（Cat）。

———————————————————————— 《劫掠庫林之牛》

　神話中另外一個反覆出現的主題就是「三位一體」
（triadism）或「三重性」（threeness）。在愛爾蘭和威爾斯
的神話傳統中，「三」似乎都是一個神聖的數字。在愛爾蘭
傳說中，女戰神是三合一的形式（就像莎士比亞《馬克白》
（Macbeth）裡的女巫一樣），她們有好幾個名字：摩莉甘
（Morrigán）／摩莉根納（Morrigna）、巴德（Badhb）或是瑪

卡（Macha）。在愛爾蘭萬神殿裡，工藝之神也有三位：哥布紐（Goibhniu）、路克塔（Luchta）和克雷德尼（Creidhne）。愛爾蘭本身的人格化形象就是三位女神：愛麗尤（Ériu）、芙德拉（Fódla）和邦芭（Banbha）。阿爾斯特英雄庫胡林將頭髮編成三束髮辮，殺死敵人的時候也總是三個、三個地殺。在關於殺害國王的故事中，國王會以三種方式被殺：刺死、燒死和淹死。在威爾斯傳說中也同樣熱中三位一體：《馬比諾吉昂》第二分支中，描述布朗溫是「不列顛三位最著名的少女之一」；而在同一個故事中，布蘭（Brân）在死前對追隨者提到里安農的三隻魔法鳴鳥。在第四分支中，魔法師格溫蒂昂向他背信棄義的兄弟吉爾韋綏（Gilfaethwy）下了三重詛咒，讓他的三個兒子分別變成了三種野獸：狼、鹿和野豬。

數字「三」和大鍋一樣具有特殊的意義，這個主題在鐵器時代及羅馬時期的不列顛和愛爾蘭也非常顯著。很多石頭上都刻著三顆頭顱：愛爾蘭卡文郡（Co. Cavan）寇里克（Corleck）發現的石柱上，刻有一顆長著三張面孔的人頭；位於羅馬─不列顛什羅普郡（Shropshire）羅克賽特市（Wroxeter）的一座雕塑，呈現了三顆一模一樣的相連頭顱。神靈三面的傳統形象不僅局限在愛爾蘭和不列顛境內，在高盧也很常見，特別是勃艮第（Burgundy）和雷米（Remi）的首府蘭斯（Rheims）。除了三頭之外，神靈也常常以三位一組的形式出現：在羅馬─不列顛，對三位「母神」的信仰遍及各地；三個頭戴兜帽的奇怪形象叫做「戴帽神靈」（Genii Cucullati）也經常出現在雕塑作品中。

在科倫尼姆
（Corinium）——
現在的塞倫賽斯特
（Cirencester）——
發現的三女神浮雕。

　　我們只能猜測三重性在凱爾特神話的特殊含義是什麼，但在尚未有文字記載的時代出土的考古紀錄中就普遍存在了，因此我們可以合理地推斷，後來出現的神話文獻對這個數字的迷戀是有其歷史淵源的。在愛爾蘭有關「三女神」的故事中，如摩莉甘的故事，很明顯的一點是，儘管她有時具有三重性，但其實只有一位是真實的角色或身分。神話對三位一體的熱中無法僅用強調來解釋，因為數字三比其他數字更突出、更被偏愛。三是個神聖的數字，具有豐富的象徵意義和魔力，最初很可能是呈現「過去、現在、未來」的概念，或是像很多現代薩滿的傳統那樣，代表著上層、中層和下層世界的三重世界體系。

寇里克的「觀看之石」

在西元前 4 至前 1 世紀之間，有位愛爾蘭卡文郡寇里克的石匠拿起一塊石料，把它刻成了一顆人頭。這顆頭顱並不是傳統意義上的人像或神像，而是一個具有高度象徵意義的物體。因為雕塑者精心地在這顆頭顱的三個方向刻了三張一模一樣的臉。每雙眼睛都看著不同的方向，似乎朝三面同時掃視著周圍的事物。為什麼數字三對這顆頭顱的製造者和使用者來說具有重要的意義呢？

寇里克頭像從來就不是任何雕像的一部分；它沒有身體，是一個獨立的頭顱雕塑。英格蘭和蘇格蘭也出現過其他類似的三面頭顱像，因此寇里克的石匠並不是憑空想像的，而是依據了更大地理範圍內共享的傳統。頭顱本身和三張面孔構成的雙重象徵，共同體現了鐵器時代的宇宙觀密碼，其中這個意義深刻的物品既表達了神聖的力量，又使這種力量為我們所用。這個形象可能代表了某位神，它可能發揮著「觀看之石」的作用——也就是托爾金（J.R.R. Tolkien）筆下的「真知晶球」（palantiri），透過它可以看到不同時間、與我們相隔甚遠的地方所發生的事情，從而賦予那些能「讀取」它、解釋其中訊息的聖者預言的能力。

愛爾蘭卡文郡寇里克發現的鐵器時代三面頭顱像石雕。

會講話的頭顱

柯拿切納（Conall Cernach）是一位具有超自然能力的英雄，出現在阿爾斯特故事群的《劫掠庫林之牛》。他在對抗梅芙女王率領的康納赫特敵軍時，表現得十分英勇，後來在戰場上被斬首。但他的頭顱十分巨大，大到可以裝得下四個成年人、四頭小牛，或是兩個坐在轎子裡的人。柯拿切納被挖空的頭骨顯然也和豐饒的大鍋一樣，具有相似的魔力：遭到詛咒而變得虛弱的阿爾斯特戰士，一喝下柯拿切納頭骨裡盛裝的牛奶，失去的力量就會回復。除此之外，柯拿切納與頭顱還有其他的關聯：柯拿切納還有一個（肯定讓人相當不舒服的）習慣，他每晚睡覺時，膝下都要放著一顆從康納赫特敵人砍下來的頭顱。

《馬比諾吉昂》第二分支的最後場景，描述了布朗溫的兄弟——英雄布蘭的死亡。布蘭在愛爾蘭和威爾斯的大戰中，被愛爾蘭人的毒槍射中足部而死——這讓我們想起，希臘英雄阿基里斯（Achilles）在特洛伊戰爭（Trojan War）接近尾聲時被帕里斯（Paris）的毒箭射死的情節。布蘭臨死前向手下提出了一個奇怪的要求：讓他們將自己的頭顱割下來，帶去倫敦的白山（White Mount）埋葬，而且要將他的臉朝向法國，這樣他就可以繼續保護不列顛免受大陸勢力的入侵了。另外，他還告訴手下，他的頭顱從屍身切掉後並不會腐壞，而是會像它的主人生前一樣與他們為伴，直至入土。

以上只是從眾多有關人頭及其擁有的超自然力量的神話傳說中，選取的兩則而已。像大鍋的故事一樣，被砍下的頭顱具

有魔力的信念很可能也起源於史前時代的儀式和信仰。鐵器時代的愛爾蘭、不列顛和歐洲居民，似乎都對人頭懷有特別的崇敬。考古學證據向我們揭示了這種崇拜的表達方式：在石頭和木頭上刻著頭顱的形象；在鐵器時代的金屬器物上裝飾著頭顱的象徵物；以及常常在一些特殊地方（井口、河流和神廟）埋藏人頭。

禁忌與詛咒

這些是你需要遵守的禁令：你不准順時針繞著塔拉（Tara）走，也不准逆時針環繞布雷加（Brega）；你不准追逐科內（Cernae）的野獸；每隔八天，就有一天不准離開塔拉；你不能在日落後從窗外還能看得見火光的房屋中過夜。

—————〈德爾加旅店〉（Da Derga's Hostel）中涅姆蘭（Nemglan）
對康奈爾・摩爾國王（King Conaire Myr）的指示

　　愛爾蘭中世紀傳說《劫掠庫林之牛》中敘述了梅芙女王派一群吟遊詩人和諷刺作家去襲擊阿爾斯特貴族弗迪亞（Fer Diad）的故事。他們用的武器就是言辭，它們可以同字面上的意義一樣，捲起沙塵打擊對方的臉部，造成腫包和皮疹。言辭有致人受傷的力量，這個主題是中世紀愛爾蘭吟遊詩人故事的經典題材；遲至15世紀的文獻中仍有出現，據當時一首詩記載，一個詩人的莊稼被人焚毀了，於是他威脅那人，自己的言辭可讓人臉部灼燒。燃燒著的麥田，被比作縱火犯被詛咒而燒起來的臉龐，但詩人似乎或多或少受到基督教寬恕精神的影響，因

為他後來並未將自己的威脅付諸實施。

　　詛咒是愛爾蘭神話常見的要素。geis（單數形式）／gessa（複數形式）一詞譯為「禁令」可能更恰當，是命人不要去做某些行為的警告。人們拒絕聽從這些警告，一意孤行的做法，才使詛咒得以成真。我們將在阿爾斯特英雄庫胡林的故事中看到「詛咒成真」的範例（參見第 133-141 頁）。還有另一個故事也以一系列「禁令」作為核心：〈德爾加旅店〉敘述了阿爾斯特一位叫做康奈爾・摩爾的國王如何被下了許多禁令的故事，其中最嚴厲的禁令是他永不許殺死鳥類。這條禁令與他的身世有關，預言說他的母親因屋子裡出現一隻飛鳥而懷孕，生下了他。除了這條與鳥有關的禁令之外，康奈爾的其他禁令都與他的王權緊密相關，許多都是限制他的王權禁令。例如，它們限制了他在國土之外停留的時間，命令他的手下不准劫掠等等。然而，後來康奈爾還是沒有遵從不得殺鳥的最初禁令，因而喪命（參見第 163 頁）。

　　禁令對說書人來說是很重要的要素，因為他在故事一開始時就說了禁令，可以讓聽眾預期未來會有厄運降臨。因此禁令就成了一種能讓聽眾保持興趣的策略，我們完全可以想像，一位說書人在情節發展到千鈞一髮時卻戛然而止，讓聽眾想知道故事如何收尾，迫切地期待這齣「肥皂劇」的下一集。

來自法國南部拉爾扎克（Larzac）鐵器時代
詛咒碑的一部分。

與超自然力量有關的恐怖故事 ○

　　某些凱爾特神話故事即便現在讀來也令人脊背發涼，當聽眾
圍坐在黑暗中，只有從偶爾閃爍的火光中才能得到些許安撫，
聽著說書人用低沉可怕的聲線講述，一定具有更驚悚駭人的效
果。愛爾蘭故事〈德爾加旅店〉中描繪了一位地獄女神如惡夢
般的現身。故事的標題本身就足以讓聽眾做好被驚嚇的心理準
備：「德爾加」的意思是「紅神」，而紅色是異世界的顏色；
「旅店」是異世界的一個地方，整個神話故事就是以康奈爾王
的被殺為基礎發展，他以凡人之軀冒險進入神靈的領域——這
行為是十分危險的。不幸的康奈爾王從故事的一開始就厄運纏
身，而聽眾對此並不陌生。他因打破了不得殺鳥的禁令而死，
而且很重要的一點是，他殺鳥的時候正是十月底的薩溫節，也
就是愛爾蘭異教對應的萬聖節。薩溫節是個特別危險的時節，

因為這時正值舊年與新年交界之時，是一段「不存在」的時間，此時整個世界被顛倒過來，各種神靈也來到地上，混在人群中遊蕩。

　　講述〈德爾加旅店〉的說書人，在描述來到旅店的醜陋訪客時，充分發揮所長，創造了他能想出來最為怪異、令人惡夢纏身的形象：她是假扮成老婦人的死亡女神，頸上繞著絞索，身著條紋斗篷，有長長的黑腿，及膝的鬍鬚，嘴長在頭顱的側面。她單腳站立，口中講著一些預言。她在太陽剛下山時來到旅店。這些描述富有濃厚的象徵意謂，而其中的象徵元素必然是為聽眾所熟知的，因為所有的意象都指向不穩定而怪異駭人的異世界：老婦人這一跨性別的身分，以及她扭曲的五官、如夜一般漆黑的肢體、單腳站立的姿態以及身著的雙色服飾，都提示著人們：她是一個可以跨越宇宙中不同層世界的存在。她現身於晝夜交替、年份更迭之時這一點，也進一步強調了她的跨界屬性。透過這些意象的堆疊，說書人充分地向聽眾傳達了邪惡危險的意蘊，人類與神靈不自然的混合，讓聽眾預期故事會以驚悚駭人的氛圍推向高潮。他們的預期不會落空。康奈爾因為沒能守住不得殺鳥的禁令而死，即使在他死後，故事的超自然色彩仍然沒有消退，因為他被砍下的頭顱仍然會開口讚揚為他報仇的人。

2

神話編織者

據說，接受訓練的德魯伊要學習背誦很多詩篇，有人竟因此留在那邊學習長達 20 年之久。他們認為不應該把這些詩篇寫下來。我認為他們採取這種措施有兩種用意：一則他們不希望這些教材讓一般人知道，二則防止那些學習的人從此依賴文本，不再重視背誦的工夫。

──────────────────────────凱撒，《高盧戰記》第 6 卷第 14 章

　　神話要被創造出來，需要有人來創造故事、傳播和整理。凱爾特神話呈現出特別的複雜性，因為它們無疑是在文字出現的很久之前就誕生了。在威爾斯和愛爾蘭鐵器時代（在威爾斯大約是西元前 700 年至 1 世紀，在愛爾蘭是約是 6 世紀之時）的大部分時間裡，他們並沒有文學傳統。這代表著神話故事在最初被創造出來時，必定是在沒有文字的情況流傳下來的，這些故事直到較晚的時期才被撰寫下來。

口述與書寫 ○

　　將神話故事或任何其他故事轉成有形紀錄都會改變它們，因為這種將它們編撰成文的行為會定格它們，使它們變得不那麼有機。寫作只是有形紀錄的一種形式，另一種是將它們創作成圖像，可以雕塑或繪畫的形式呈現。許多具有很強口述傳統的文化，例如南非的薩恩人（San）和澳洲的原住民族，都選擇將他們的神話用石雕藝術的形式表現出來。即使刻在岩石上，仍然可以對神話的內容進行改動，因為人們可以用新的畫覆蓋舊的，或是增加圖畫面板。在古代歐洲的加利西亞（Galícia）、義大利北部和斯堪地那維亞（Scandinavia）等地區發現的複雜石刻，無疑記錄了宇宙觀知識和神聖的故事，儘管現代學者無法理解它們。然而，值得注意的是，幾乎所有神聖的石雕藝術，無論來自古代世界還是更現代一些的傳統社會，都包含一些共同的主題，具體來說就是以半人半獸形態出現的變形者。當然，跨越了如此廣闊的時空不可能有任何直接的文化相連，但可以想見的是，身為人類所特有的困惑，使得人們都傾向於表現超越了物質世界的東西，或許他們會把動物看作進入靈性世界的門戶。變形者是凱爾特神話中常見的主角。

　　在中世紀威爾斯的《馬比諾吉昂》故事中，口頭表達和書面敘述的元素錯綜複雜地交織在一起。事實上，很難分辨出兩者的界線在哪裡。這是因為，即使在書面形式下，故事也是為了表演，而不僅僅是為了閱讀。但即便如此，某些說書的手法，其中最明顯的是「直接引用」和「重複」，還是表明了其口述起源。威爾斯故事中另一個引人注目的傳統，是運用時態

變化來增強戲劇性。舉例來說，在〈皮爾杜〉這個故事中，在描述皮爾杜前往亞瑟王宮廷的歷史背景時採用的是過去時態，之後突然轉向現在時態，以凸顯主角到達時刻的戲劇性和直接性。這樣做是為了吸引聽眾的注意力，讓他們屏息以待，而說書人可能也會改變說話的語氣，以配合當下緊張的氣氛。下一段引文的前後文是一位無名騎士侮辱了亞瑟王的王后格溫瓦法（Gwenhwyfar）。

他們以前認為沒有人會犯下這樣的罪行，除非他擁有強力和能量，或魔法及咒術，以至於沒有人能報復他。這時，皮爾杜騎著一匹瘦骨嶙峋、披掛整齊的老馬走進大廳。（譯注：以上引文是從過去時態轉成現在時態。）

——《皮爾杜》

德魯伊與口述傳統 ○

事實上，很多人往往因為有了文字的說明，就不再用心鑽研，讓記誦能力都下降了。

——凱撒，《高盧戰記》第 6 卷第 14 章

字彙具有強大的力量，當它們被大聲說出來的時候尤其如此，因為這時聲音和意義融合成一個強大的訊息，可以被許多

人同時分享。維護口述傳統的人必須有長久、精確的驚人記憶力，要能用心記誦長篇故事，同時在講述過程中添加一些點綴。聽眾也會記住他們一生中反覆聽到的那些故事，並且毫不猶豫地指出錯誤或前後不一致的地方。

凱撒在《高盧戰記》中，說明了西元前 1 世紀中葉高盧的凱爾特人的德魯伊祭司制度，及其在口述教義的傳播與維護職責。據凱撒的說法，德魯伊是高盧和不列顛的宗教權威，這些人不贊成把傳統的內容形諸文字的做法。雖然他們能寫字（事實上，他們用希臘字母記帳），但他們認為使用口語教學有兩方面的優勢：第一，他們認為有必要把知識傳播的範圍局限於他們所挑選的學生；第二，為了鍛鍊學生記憶所學知識的能力。威爾斯和愛爾蘭神話文本的複雜性證明了口述語言的力量。雖然這些故事本身無疑會隨著時間的推移而發生變化（而且這也是它們得以流傳並與聽眾持續產生關聯的原因），但重要的是，人們的名字和地點代代相傳，神話訊息的核心不會因為記憶中一些細節的缺失而遺失了。

為什麼口述傳統對凱爾特人和其他古代社會如此重要？一個原因是，它可以給予個人和社群一種根基感。它解釋了自然現象、景觀特徵、過去的紛爭和災害，並把它們放在一個人們可以與之連結並理解的框架內。口語非常直接，而且最重要的是它可以貼近古代大眾，因為古代多數人都不會閱讀。在中世紀的威爾斯和愛爾蘭，學習和寫作除了是皇家和貴族宮廷的專利之外，就是神職人員的專利。大眾聽來的神話和故事可以將整個社群連在一起，給了他們共同的遺產和共同的身分認同。

在法國的奈維—昂—蘇利亞斯發現的鐵器時代晚期青銅像，一名男人
拿著一個像雞蛋般的物體，也許是一位德魯伊的雞蛋，這是一個用來
預言的物體。

　　凱撒《高盧戰記》第 6 卷包含了一個民族誌的段落，其中他
把德魯伊描繪成具有廣泛力量的宗教領袖。值得注意的是，這
位羅馬將軍評論的是德魯伊作為教師的能力，但其實德魯伊的
重要性在於他們與神靈和祖靈世界溝通的深遠能力。凱撒和很
多其他同時代作家都強調了德魯伊在各種預言方面的技巧，特
別是占卜（一種進入神靈世界，並確定神靈意願的方法）。

　　德魯伊與神靈世界之間的密切相關，類似於現代薩滿的力
量，包括西伯利亞的薩米人（Sámi）和亞馬遜群落。這種與神
性的相連，再加上他們作為演說家和口述傳統維護者的能力，
使得這些鐵器時代的宗教導師成了創造神話的理想人選。

德魯伊狄維契阿古斯（Diviciacus）

即使在野蠻民族之中，占卜系統也沒有被忽視，因為實際上高盧也有一些德魯伊。我本人就認識他們其中一位，愛杜依人（Aedui）狄維契阿古斯，他宣稱自己熟諳希臘人稱作自然哲學的那套知識系統，並能透過預兆和推斷來預知未來之事。

————西塞羅（Cicero），《論預言》
（*De Divinatione*）第 1 卷第 90 節

凱撒提到過他的朋友和盟友狄維契阿古斯，是勃艮第愛杜依部落的一名酋長。但是與凱撒幾乎同時代的西塞羅，在西元前 60 年就與這位高盧酋長會面了，當時後者正在拜訪羅馬，希望羅馬人可以幫助他對抗敵人，也就是日耳曼的阿里奧維司都斯（Ariovistus）。西塞羅是一位諳於世故的羅馬演說家

這幅畫展示了高盧部落酋長及占卜師狄維契阿古斯訪問羅馬的場景。

和文學家，連他都承認，狄維契阿古斯的占卜技巧讓他印象深刻：他能透過舉行儀式來預測未來和神靈的意志。狄維契阿古斯是凱撒的朋友，站在親羅馬的立場。但他的弟弟杜諾列克斯（Dumnorix）卻憎恨羅馬，一心想把羅馬征服者趕出高盧的領土。凱撒因為懷疑杜諾列克斯會在他離開期間煽動叛亂，於是「邀請」杜諾列克斯與他一起遠征不列顛。杜諾列克斯以他有宗教職責為藉口，反對這個安排。因此，愛杜依部落這對兄弟都擁有神聖的權威。他們兩人可能都是德魯伊，但卻懷有迥然相異的忠誠。

三重吟遊詩人模式 ○

希臘作家西西里的狄奧多羅斯（Diodorus Siculus）和斯特拉波（Strabo）寫作的時代正是凱撒及其繼承人奧古斯都（Augustus）的時代。狄奧多羅斯的《世界史》（*World History*）共 40 卷，其中詳細描述了高盧人，不過他的材料可能主要來自更早之前的作家。斯特拉波的《地理學》（*Geography*）中大部分內容也是抄寫了更早的來源。他們都提到高盧有三個學識群體：抒情詩人、先知和德魯伊。抒情詩人又稱為吟遊詩人，他們的角色是吟唱讚美詩和諷刺詩，同時用七弦琴伴奏；先知的責任是透過人祭來解釋預兆和徵兆，從而預測未來；德魯伊則是哲學家和神學家。因此，雖然凱撒把所有這些神聖的職責和技能都歸於德魯伊，希臘歷史學家卻把他們分成三個不同的群體。

阿爾斯特的德魯伊卡思巴德（Cathbad）

悲傷的荻德麗，為愛人諾伊修（Naoise）的死而傷心落淚。約翰‧鄧肯（John Duncan）1900 年的畫作。

康勃爾這個男孩被卡思巴德撫養長大，人們都叫他卡思巴德的兒子。面容白皙的卡思巴德——高貴、純潔、如珍寶般的人啊，他的德魯伊法力已經純熟強大。

——《劫掠庫林之牛》

愛爾蘭神話中的德魯伊和他們在鐵器時代的高盧和不列顛的先驅一樣，主要從事占卜，以確定神靈的心意。卡思巴德就是其中一員，他是阿爾斯特國王康勃爾（Conchobar）的顧問，曾多次預言阿爾斯特人將遭遇的喜事或厄運。一則 9 世紀的文本敘述了這樣的場景：卡思巴德預言，在康勃爾國王宮廷中的說書人費里米德（Fedlimid），有一個尚出生的女兒荻德麗（Deirdre），她是個美麗的女孩，但她會引發國內衝突，最終導致阿爾斯特人的死難和覆滅。卡思巴德將占卜之術教給了年輕的英雄庫胡林與阿爾斯特勇士。這些占卜之術包括指導他們如何解釋諸神的預兆，以及日子的吉凶，判斷哪一天適合發動戰爭、加冕新國王、締結婚姻等等。卡思巴德最著名的預言是：任何一名在某天首先拿起武器的人都會在戰場上屢建奇功，但也會英年早逝。這個預言應驗在了庫胡林身上，他的輝煌人生和英年早逝與卡思巴德的預言一樣。

　　凱撒和狄奧多羅斯都同意，高盧有一個高等階級，由這些
人負責宗教儀式、與神聖世界溝通，以及維持口述傳統（根據
凱撒的說法，不列顛也曾有這個階級）。這三個群體都促進了
神話的創造，其中包括與祖先相關的故事。有關「過去」的口
述故事流傳，有助於鞏固和解釋諸如山川河流等自然現象的存
在。此外，前鐵器時代群落的紀念碑，例如墓葬堆和立石，都
被織入神話的掛毯之中，從而為鐵器時代的「當下」提供了文
化脈絡。

　　古希臘作家描述高盧人有三重富含學識的群體，這種社會架
構在早期愛爾蘭神話傳統中已經得到證實。宗教、占卜、教學
和詩歌分別掌握在德魯伊、地域詩人（filidh，編注：指在蘇格蘭
蓋爾語語境中的詩人）以及吟遊詩人的手中。到 7 世紀，高盧人接
受了基督教之後，大部分異教功能都掌握在地域詩人的手中。
儘管首先受到基督教直接影響的是德魯伊，但吟遊詩人的影響
力也減弱了（部分原因是地域詩人更強大了），而地域詩人作
為教師、國王顧問、詩人、諷刺作家（當時的政治諷刺主義者）
和傳統維護者的作用卻維持得更久。事實上，直到 17 世紀，
在英國政府對愛爾蘭舊秩序的猛烈打擊之下，地域詩人才消失
了。

神、人、獸

　　早期的神話編織者（不管是德魯伊、吟遊詩人或其他說書

人）都依賴他們想像神靈世界的能力。凱爾特神話和希臘古典神話一樣，都提到了人類與諸神之間緊密共生的關係。神靈世界無處不在，故事中不斷提到諸神參與（及干涉）人類活動。庫胡林一直被女神的糾纏所擾，許多女神都想向他求愛。庫胡林死前，將自己綁在柱子上，這樣他的遺體才不會在敵人前低頭；而女戰神巴德化作渡鴉，就棲在庫胡林的肩上。

在「現代」薩滿中，動物在物質世界和靈性世界之間扮演重要的角色。牠們常常是「靈性助手」，擁有跨越人界與靈界的能力。凱爾特神話的傳統也是如此，動物（通常是鳥類或其他野生動物）在連接神、人的過程中占了中心的位置。《馬比諾吉昂》第一分支的開篇援引「神聖狩獵」的主題，非常清楚地說明這種關聯（順便一提，威爾斯說書人所說的作品，以及同源的愛爾蘭文本都曾出現神聖狩獵）。神話編織者用狩獵製造了世俗和神靈世界之間直接的接觸：獵人是凡人，但獵物來自異世界。

在這則威爾斯故事裡，獵人是威爾斯西南部阿爾伯思（Llys Arberth）的領主普伊爾（Pwyll）。他帶著獵犬進入森林，狗群嗅到了一隻公鹿的氣味。等普伊爾帶著獵犬找到這隻鹿時，他發現另一群狗已經在攻擊鹿了；這群狗看上去很奇怪，周身白得刺眼，長著紅色耳朵。說書人在描述這群狗的顏色時，用的是另一個常見的凱爾特神話主題：來自靈性世界的生物通常有著紅色或紅白相間的外表。普伊爾催促自己的獵犬上前挑戰，擊潰了另一群獵犬，但就在這時，一位騎著暗斑灰色坐騎的騎士從森林中走了出來，向普伊爾發起挑戰，指責他毫

義大利北部卡蒙尼卡山谷（Val Camonica）發現的鐵器時代岩畫，描繪一隻半人半鹿的生物。

無風度地偷竊他人的獵物。普伊爾懊悔不已，於是問對方可以為他做些什麼來彌補自己的過失。陌生的騎士自稱亞倫文（Arawn），是異世界安農（Annwfn）王國的領主。普伊爾的贖罪方式是在一年又一天內與亞倫文交換身分，替他擊敗宿敵，也就是另一位神靈國王哈夫甘（Hafgan）。從某種意義上來說，說書人所做的是在敘事過程中讓聽眾預感會有重要的事情發生。聽眾一聽到打獵，就會立即意識到與異世界有關的特定事件即將發生了。動物（公鹿和獵犬）是這次相遇的催化劑。

將早期神話寫成文字 ○

　　但神話是如何從口述語言轉變為書面文字呢？考慮到中世紀愛爾蘭和威爾斯的教育僅限於宮廷和修道院，那麼凱爾特神話是透過基督教修士或由修士教育的人所傳承，也就不足為奇了。我們從第一、二章提到的許多敘述技巧，已經知道這些神話的誕生早於文字了。此外，儘管這些神話（尤其是愛爾蘭神話）實際上已加入了基督教修士的反異教宣傳，但依然看得出強烈的異教節奏；而且史前晚期象徵主義的物質文化與神話書面文本反覆出現的主題，有著驚人的相似之處。

　　證明出自於考古證據，特別是圖像學和銘文的出土，它們大部分是在羅馬西部的高盧行省和不列顛行省（包括威爾斯，但不包括愛爾蘭）的發現。雖然不可避免地受到羅馬的影響，但我們還是可以辨認出很多高盧及不列顛宇宙觀的痕跡。這種早期材料可能在兩方面上影響了後來的凱爾特神話：第一，它是透過口述傳統來傳達的，或許可以追溯到史前的脈絡。第二，我們從早期基督教修士，例如 6 世紀的吉爾達斯和 12 世紀的吉拉德‧坎姆里斯（Giraldus Cambrensis）——又稱為威爾斯的吉羅德（Gerald of Wales）——的評論得知，有些當時的地貌可以追溯到羅馬時期的異教遺跡。

「為了上帝之愛的旅程」

我被一種如此強烈的欲望所吞噬，以至於它把所有其他的想法和欲望

吉爾達斯（Gildas）

我就不逐一列舉我的土地上那些惡魔般的怪物了，它們的數量幾乎與折磨埃及的怪物一樣多，其中一些我們今天可以看到，無論是在荒涼的城牆內外，都是一如既往的囂張：身形還是那麼醜陋，臉孔還是那麼陰沉。我不會告訴你們那些山巒、丘陵和河流的名字，它們曾經如此險惡，而現在卻對人類非常有用，在那些日子裡，一個盲人在那些地方堆上神聖的榮譽。

————————————————《聖徒傳》（*Lives of the Saints*）

吉爾達斯是英國神職人員，他花了很多時間譴責他在 6 世紀不列顛觀察到的異教風俗（在 4 世紀初期君士坦丁大帝〔Emperor Constantine〕時，不列顛才正式成為基督教國家）。吉爾達斯以寫了《不列顛的毀滅》（*De Excidio Britanniae*）這本「抱怨之書」而聲名大噪，他在書中強烈譴責當時英國統治者的道德淪喪。這本神職人員的抨擊文本現存的最早抄本只能追溯到 11 世紀，但《不列顛的毀滅》應該成書於更早，可能寫於西元 515 至 530 年之間。其中，吉爾達斯特別提到了令他深惡痛絕的異教紀念碑和宗教信仰的傳統。

吉爾達斯的觀察並非特例。與他同時代的法國 6 世紀神祕主義者圖爾的格里高利（Gregory of Tours）也寫了一本《懺悔者的榮耀》（*The Glory of the Confessors*），他評論了與自己同為神職人員的普瓦捷主教希拉蕊（Hilary, Bishop of Poitiers），這位主教曾譴責異教的獻祭行為，聲稱在塞文（Cevennes）的湖畔目睹了這些行為。

都從我的心驅走了。如果上帝願意，我已經決定去尋找聖徒的應許之
地。

──────────《聖布倫丹的航行》（*Voyage of St Brendan*）

早期愛爾蘭和威爾斯的修士在歐洲各地遊歷，回應基督徒認
為要進行的「為了上帝之愛的旅程」，這是一種屬靈的追求，
目的是傳播基督教福音、建立新的修道院，並透過更接近上帝
而獲得教化。其中一位修士是生於西元543年的愛爾蘭基督徒，
叫做哥倫巴斯（Columbanus）。他以極大的熱情在歐洲傳遍福
音，特別是在法國，用這樣的旅程體驗與上帝同在。教皇庇爾
斯 11 世（Pope Pius XI）稱讚哥倫巴斯比他同時代的人做了更
多的基督教傳教，他的足跡不僅在法國，還到了德意志地區和
義大利。哥倫巴斯之旅始於愛爾蘭西北部，位於西內爾修道院
院長的厄恩湖修道院（Lough Erne）──這裡就是現代八大工
業國為解決敘利亞衝突問題而召開高峰會議的場所。

哥倫巴斯的故事顯示了這種旅程的性質。這種傳教旅行有點
類似《聖經・使徒行傳》的聖保羅（Saint Paul）之旅，早期基
督教修士透過這樣的旅行見識到異教的宗教雕塑以及刻有銘文
的紀念碑。他們遇到的一些雕像、神廟和儀式物品，充實了口
述故事的各個方面，並在神話傳統中占有一席之地。否則，很
難解釋在鐵器時代的羅馬─不列顛及歐洲的宗教考古發現，與
神話敘事的元素之間為何有著驚人的相似點。哥倫巴斯這些早
期基督教修士的旅程可能創造了所謂的「時間走廊」：在史前
晚期和中世紀早期之間傳遞傳統的管道。

聖布蘭登（Saint Brendan）與賽蓮（siren），出自約 1476 年德文版的《聖布倫丹的航行》。

將凱爾特神話扎根於宇宙性的過去

卡爾雷昂毫無疑問地是古典時代的城市。它是羅馬人精心建造而成，牆壁是磚砌的。你仍然可以看到許多象徵它曾經輝煌的遺跡。

————————————————————————————吉拉德‧坎姆里斯
《穿越威爾斯的旅程》（*The Journey Through Wales*）

　　英國和高盧信仰基督教前的宗教考古證據，與愛爾蘭和威爾斯的中世紀凱爾特神話，若要論證兩者之間的真正關聯，是一項危險的工作。然而，「凱爾特西方」奇特而複雜的神話景觀，並非在毫無脈絡的情況下，就在中世紀以完整形態湧現而出。相反地，它是扎根於建立早期的宇宙觀基礎，這些可以在考古學證據看到。舉例來說，中世紀神話編寫者把卡爾雷昂（Caerleon）的羅馬圓形劇場叫做亞瑟王的圓桌會議。連接的管道就是說書人，他們可能看過遺跡，或是從其他自稱看過遺跡的旅行者那邊聽來。說書人的職責在於圍繞著現實的核心編織故事。無論這些故事在過程中經歷了怎樣的轉變，令人高興的是，凱爾特西方最早的神話故事還是保存了早期的信仰和崇拜情形。

　　考古證據發現了羅馬時期的高盧和不列顛有一系列令人眼花撩亂、充滿活力的凱爾特男女諸神。其中遍布歐洲各地的有雷神塔拉尼斯（Taranis）、馬之女神愛珀娜（Epona），以及三位一體的母神。還有一些是當地的地方神祇，是特定聖泉或河流的化身，例如英格蘭西部巴斯（Bath）的水神

蘇莉絲（Sulis），哈德良城牆（Hadrian's Wall）附近卡拉堡（Carrawburgh）的科文提納（Coventina），以及勃艮第的賽奎安娜（Sequana）。塔拉尼斯是風暴之神，也是太陽神。他的象徵是太陽輪、鷹、橡樹和閃電，他的許多形象可能已經融進威爾斯和愛爾蘭的神話，包括威爾斯英雄萊伊（Lleu，參見第 170-172 頁）和愛爾蘭的魯訶（Lugh，參見第 82 頁）。魯訶與邪惡怪物佛摩爾人（Fomorians）的戰鬥故事，很可能就有塔拉尼斯與異世界巨人的遺跡，這些異世界的巨人有著半人、半蛇的身體。同樣地，古代的泉水女神也可能提供了博因河（Boyne）女神波安（Boann）這則愛爾蘭神話的基礎。威爾斯

在德國發現的羅馬時期祭壇，這是獻給凱爾特的雷神塔拉努庫努斯（Taranucnus），又名塔拉尼斯。

女英雄里安農必定與古代高盧的馬神愛珀娜有著密切的關聯。在羅馬、英國和歐洲都廣受尊敬的三位一體的母神，與可怕的愛爾蘭三女神的摩莉根納、巴德必定系出同源。

中世紀傳說的古代女神：愛珀娜和里安農

普伊爾覺得，他的馬只要猛跨兩、三步，就能追上她了。然而他們的距離卻還是沒有拉近分毫。他大力催促馬匹全速前進，卻發現無力追上她。

——《馬比諾吉昂》第一分支

《馬比諾吉昂》第一分支描述一位具有魔力的女人里安農，當阿爾伯思領主普伊爾登上魔法地點「阿爾伯思王座」（Gorsedd Arberth）時，她以騎馬的女人之形現身。阿爾伯思王座是一個可以引發超自然事件的地方，坐到上面的人不是將得到美妙的經歷，就是會遇到災難。儘管里安農的坐騎看起來是緩步而行，但普伊爾和手下最好的騎士都追不上她。不過，當普伊爾自知無力追上後，絕望地向她發出呼喚，她立刻勒住了馬。她告訴普伊爾，她的名字叫做里安農，一直等他對自己說話。他們經過一段時間的戀愛後，結了婚，生下一個兒子叫做皮德瑞，里安農把自己與馬匹的親密連結傳給兒子（參見第 141-145 頁）。

里安農這個名字源自於羅馬時期的不列顛女神，一位叫做黎安托納（Rigantona）的「神聖女王」。光這一點就使她擁有超自然的面向。她第一次與普伊爾相遇時的情形就暴露了她

的靈性源頭：白色是屬於異世界動物的顏色；就算她騎得很慢，還是讓普伊爾的快馬追不到，這項能力也再次證明了她的超自然起源。里安農的形象可能源自於早期一位重要的女神，羅馬時期的高盧、英國和歐洲大部分地區都廣為流傳她的傳說。這位女神叫做愛珀娜，是馬之女神，常被描繪成側身騎在馬鞍上，或坐在兩匹馬之間。中世紀早期四處遊歷的

在威爾特郡（Wiltshire）的不知名地點發現了馬之女神愛珀娜的青銅像，她坐在兩匹小馬之間，手持麥穗。

修士可能看過許多獻給愛珀娜的紀念碑，這可能構成了里安農故事的靈感來源。

神話、修士和手稿 ○

寫下凱爾特神話的人事實上是修士，因而留下了難題。如果沒有早期基督教修士的辛勤抄寫，這些神話就會完全消失。但另一方面，當修士把異教徒神話寫進抄本時，他們做了什麼？也許他們把保護凱爾特世界的口述遺產視為自己的責任，是有這樣的可能性沒錯；但更可能的是，他們利用古老的神靈和超自然的存在（這些老神包括達格達、梅芙、摩莉甘、里安農和馬納威〔Manawydan〕等，也就是以下幾章的主角），來詆毀

和嘲笑異教，並且扭曲了這些故事，讓故事符合基督教的行為準則和道德規範。例如，在阿爾斯特故事群和《馬比諾吉昂》故事集裡，戰爭看來僅是毫無意義的破壞而已。在大多數愛爾蘭文本中，強大的女性都不會得到太多同情，而過分熱中於性事則讓人皺眉。如果這些凱爾特神話文本不是由修士寫下，而是由德魯伊的學生所寫，或許會出現更靈活、想像力更豐富的寫作，就不會那麼受基督教倫理的束縛了。

在探討凱爾特神話與基督教文學傳統之間的關聯前，我們需要考量口說與書面故事之間的關聯。在漫長的時間裡，一代代的說書人會調整、改編核心故事，並添加一些東西，以符合當時吟遊詩人的時代和環境。因此，當藝人在皇家宮廷中表演時，劇碼的重點可能就會加入一些宮廷之愛和騎士之爭。如果說書人和聽眾關係親密，一家人圍坐在火堆聽故事時，可能會激發出一些更富想像力的故事，充滿怪異的生物和任性的神靈。

如果認為中世紀愛爾蘭和威爾斯的神話文學只是將口傳的故事抄寫到紙上，那就大錯特錯了。雖然這些文學作品的核心是來自於大量聽聞而來的故事，但文本還是出現了刻意的文學建構。為了適應抄寫，故事會經過編撰和重組。古老的故事與時俱進，和當代的素材交織一起，也讓今日的讀者微妙地洞悉中世紀的「凱爾特西方」生活。

學者試圖找出威爾斯和愛爾蘭神話文本的作者，但都無功而返。有些學者堅信《馬比諾吉昂》四個分支的作者若不是地處彭布羅克郡極西邊的聖大衛郊區的主教蘇利文（Sulien），就

伊奧洛‧摩根威格與現代威爾斯吟遊詩人傳統

伊奧洛，年邁的伊奧洛，他知道山谷中所有植物的優點……無論是科學知識或歌曲傳說，古老聖賢和吟遊詩人早已流傳下來。

—————————騷賽（Robert Southey）19 世紀初期所作的詩歌

每年夏天，威爾斯都會在南北兩處不同地點輪流舉行一場盛大的文化慶典。這就是威爾斯全國性的艾斯特福德節（Eisteddfod），它的核心活動是場「吟遊詩人集會」。艾斯特福德節的焦點是威爾斯語的散文和詩歌競賽，節慶最終以三項活動完結：吟遊詩人的加冕、吟遊詩人的入座以及頒發散文獎章。這個節慶日並非新發明，但也沒有很久的歷史。當前傳統發自一位 18 世紀格拉摩根（Glamorgan）的石匠，他的名字本來是愛德華‧威廉姆斯，後來改名成伊奧洛‧摩根威格（Iolo Morgannwg）。

他和一群志同道合的人對威爾斯語的衰落深感擔憂，試圖透過「建構」一套從古代德魯伊一脈相傳的系譜，來復興威爾斯語和傳統。儘管歷史上威爾斯的吟遊詩人傳統至少可以追溯至 12 世紀之前，但是由伊奧洛為它添加了一系列精緻的表演元素；1792 年，伊奧洛在倫敦櫻草山（Primrose Hill）成立了英國吟遊詩人大會，留下了一年一度的艾斯特福德節，那些吟遊詩人參賽選手透過嚴格規範的詩歌和散文來表達威爾斯傳統，堪稱為現代的「神話編織者」。

是由其子瑞傑法奇（Rhigyfarch）所作，但都沒有確鑿的證據。威爾斯神話文學與早期孤島的中世紀神話故事有所不同，裡面的異教元素有時半藏在鮮明的基督教外衣之下：例如，受了魔法而變形的野豬圖夫圖茲，被問到是因何詛咒才變成這副模樣，他回答因他的邪惡，上帝才將他和手下變形。因此，儘管這些故事可能源自前基督教的口述傳說，但中世紀威爾斯的抄寫者在提到會說話的腦袋、變形、來自異世界的生靈，以及一些具有魔力的場所時，並不是藉由描繪男女諸神指出故事的異教根源，而是透過更微妙的方式。

愛爾蘭神話則截然不同。其中充滿了異教神祇、先知、德魯伊和半神的英雄；國王、王后與超自然世界自由地交流。愛爾蘭神話明顯的異教色彩使許多學者相信它們有真正的古代源頭。但也有人堅持不同的意見，認為中世紀的愛爾蘭修士忠實地以基督教脈絡抄寫神話，他們同時掌握了古典神話和聖經文本，創了一種虛假的古風，誇大異教徒的無節制、好戰和濫交，婉轉地傳達基督教的訊息和道德標準。

威爾斯和愛爾蘭的故事在內容和語氣上都有很大的不同。但是，正如我們在第一章看到的，它們也有明顯的相似之處：會說話的腦袋、人類與動物之間的變形、魔法大鍋，以及有個類似人類世界的異世界存在。考慮到說書人很可能在當時的愛爾蘭和威爾斯宮廷之間自由來去，那麼兩國傳說之間有這些共同的故事情節就不難解釋了。

3

愛爾蘭神靈

摩莉甘化作鳥形，立在特梅爾庫林（Temair Cuailnge）的一塊巨石之上，對棕色巨牛說道：「黑牛啊，你多麼不安分。你可否猜得到他們聚集在一起，是為了某場屠殺。聰明的渡鴉大聲呻吟，敵人肆意橫行於廣袤的原野。」

———————————————————————《劫掠庫林之牛》

　　中世紀愛爾蘭和威爾斯的神祕文本最大區別之處，在於前者顯著的異教色彩，以及有很多神靈。威爾斯神話頻繁地提及基督教上帝，而同時代的愛爾蘭文本卻全無這樣的痕跡。愛爾蘭傳說充滿了對異教神祇的活動，將這些諸神行為放到古希臘的萬神殿也不會顯得格格不入。說書人讓豐饒之神、水神、戰爭之神、太陽神、鐵匠之神、工藝之神和異世界之神輪番登場，演出一幕幕跌宕起伏的戲碼。愛爾蘭傳說最主要的三個「故事群」分別是：以《劫掠庫林之牛》為核心的阿爾斯特故事群、有《侵略之書》（Leabhar Gabhála〔The Book of Invasions〕）、《地方史》（Dinnshenchas〔The History of Places〕）兩部重要文獻的神話故事群，以及芬恩故事群。其他重要的資料來源包括 11

世紀的《勒孔黃書》，其中收錄了〈德爾加旅店〉，是描寫愛爾蘭異世界及可怕的死亡女神。

創世故事 ○

第一批入侵愛爾蘭的人，共有 3 個男人和 51 個女人。他們都是諾亞（Noah）的直系後代，除了一個男人倖存之外，其他人都在大洪水中身亡了。唯一的倖存者名喚芬坦（Fintan），他有著魔法天賦，於是他將自己變成鮭魚游過洶湧的洪水。等到水位下降之後，他再次變形為鷳，後來又變成鷹，從而飛越逐漸露出水面的陸地，見到洪水退去後的山巒和平原漸漸顯現出來。

— 《侵略之書》

　　神話的一項功能，就是為民族的起源提供解釋。12 世紀，一本叫做《侵略之書》的文本就發揮了這項功能，解釋了愛爾蘭的蓋爾人（Gaels）——或凱爾特人——的起源。正如書名所示，這本書依時間順序記載了幾波「侵略」的歷史，第一波是由名叫凱賽爾（Cesair）的女人所率領，據說她是諾亞的孫女，此外幾乎毫無相關資訊。這本書提到了大洪水，而在大洪水退去之後，馬上就有一個名叫巴爾托隆（Partholón）的男人率領另一波殖民者入侵。他們隨即與原來就住在愛爾蘭島的巨怪佛摩爾族展開了激烈的爭鬥。

　　不過，《侵略之書》的中心主題是描述達南族（Tuatha Dé Danann）殖民愛爾蘭的故事；達南族是達努（Danu）女神的

這張空拍照片是愛爾蘭紐格萊奇（Newgrange）一座巨大的新石器時代通道式墓葬。這類古墓在早期愛爾蘭傳說故事被認為是神靈的居所。

後裔，屬於神族。他們曾經是這片土地的統治者，直到蓋爾人打敗了他們，之後達南族退居地下，在地下創造了一個與地上世界平行存在的異世界。這些被驅逐的神靈住在「仙丘」（sídhe）；仙丘是具有靈性力量的土丘，例如上面插圖的紐格萊奇墓；每一座仙丘下都有一間旅店，供他們在其中舉辦永遠不散的筵席。

達南族的法寶

儘管留存下來的神話文本中並沒有對達南族來歷的記述，但他們將自己的血脈追溯到了始祖達努女神那裡。當他們來到愛爾蘭時，帶來了四件具有強大魔力的神器。其一是「命運之石」（Stone of Fál，參見第 212-214 頁），與神聖王權相關：當要選出新的統治者時，所有候選人都要上前輪番觸摸這塊石頭，而當天命所歸的候選人一碰到石頭，它就會高聲尖叫。另外三件神器都與某位特定的神相關，用來加強他們的力量。重生大鍋屬於「好神」達格達，裡面的食物取之不盡；魯訶之槍可以保證持槍的戰神戰無不勝；而努阿達之劍則是氣候之神的武器，一旦出鞘，無人可以生還。

愛爾蘭萬神殿 ○

幾千年前，在愛爾蘭住著一群由神和神的子女所組成的族裔。他們有著光采動人的美貌和超凡的儀態，熱愛詩歌、音樂及男女的形體美，勝於一切。這些美麗的人是達努女神的後裔，因此被稱作達南族或達南人。

——《侵略之書》

　　儘管這些愛爾蘭神話故事中呈現了許多職能各異的神祇，但並沒有一位像古希臘萬神殿裡的宙斯（Zeus）或古羅馬的朱庇特（Jupiter）那樣的「天父神」，凱爾特中比較接近天神的是光神魯訶，眾神之主則是達格達。愛爾蘭神話中也沒有一個像

阿瑞斯（Ares）或馬爾斯（Mars）那樣的希臘羅馬戰神，倒是有好幾位不同的神祇都與戰爭相關，其中多數是女神。另外，愛爾蘭神話中也沒有一位像阿芙羅黛蒂（Aphrodite）／維納斯（Venus）那樣專司性愛的女神，然而許多女神都有放蕩的特性，比如摩莉甘和具有神格的梅芙女王。

　　愛爾蘭神話中有強大的豐饒之神，其中包括了達格達；愛麗尤是與主權和繁榮相關的女神；還有一群行使特定職能的神，

達南族的愛爾蘭主神

達格達（The Daghdha）：眾神之主，豐饒繁榮的神聖賦予者

魯訶（Lugh）：戰神，光明與手工藝之神

瑪卡（Macha）：馬與戰鬥女神

摩莉甘（The Morrigán）：死亡與女戰神

巴德（The Badbh）：渡鴉女神，等同於摩莉甘

哥布紐（Goibhniu）：工匠之神

狄安克特（Dian Cécht）：醫術與工藝之神

達努（Danu），又名阿努（Anu）：始祖女神

愛麗尤（Ériu）：愛爾蘭的命名女神

奧恩古斯（Oenghus）：愛神

努阿達（Nuadu）：這個名字的本義是「造雲者」，因此他似乎是一位氣候之神

波安（Boann）：博因河女神

曼納南（Manannán）：海洋之神

如醫術與工藝之神狄安克特（Dian Cécht），以及錘子永遠落在恰好位置的工匠之神哥布紐（Goibhniu）。哥布紐和其他許多神一樣，在異世界都有自己的旅店：到旅店吃過他的筵席之人，即可獲得永生。毫無疑問的是，這些愛爾蘭神話經過基督教神職人員之手編輯撰寫後，呈現的萬神殿一定受了基督教的巨大影響。戰爭諸神成了性欲旺盛，不知饜足的邪惡女人，甚至連達格達也成了荒謬可笑、嗜酒成性的肥胖老頭。

神聖的一家三口：達格達、波安和奧恩古斯

曾有一位來自達南族的知名國王統治了愛麗尤，他的名字是埃庫·奧拉基爾（Echu Ollathir）。他還有一個名字叫做達格達，因為正是他施展神蹟，掌管天氣和收成，因此他又被稱為「好神」。

—— 《侵略之書》

　　達格達是部落的父神形象，是愛爾蘭萬神殿的主神。他的頭銜「好神」說明了他是愛爾蘭繁榮的守護者。他不僅擁有可以提供無限食物的魔法大鍋，還揮舞著一根巨棒，這根棍棒的一頭帶來死亡，另一頭卻可以恢復生機。達格達在一切意義上都可以用巨大來形容：他的身軀雄偉，腹部突出；他有著旺盛的性欲，與許多女神都有風流韻事，其中包括摩莉甘（摩莉甘似乎是達格達的對立面，她具有毀滅的力量），還有博因河女神波安。

位於英國諾森伯蘭郡科爾布利茲
（Corbridge）一座羅馬─不列顛
時期的浮雕，描繪的是揮舞棍棒
的海克力斯（Hercules），他的
形象描述與愛爾蘭的達格達極為
相似。

　　波安與達格達歡好之時，還是另位水神涅赫坦（Nechtan）
的妻子。當波安懷了達格達的孩子之後，為了向涅赫坦隱瞞這
段私情，達格達對太陽施加咒語，讓太陽在天空中停留整整九
個月，不升不降。如此一來，這名孩子就會在同一天受孕及
出生。生下來的是一個男孩，被命名為奧恩古斯・麥克・歐克
（Oenghus mac Oc），意思是「年輕之子」或「青春」，以紀
念他出生期間異常的太陽活動。奧恩古斯成了愛情之神，專門
守護那些情路坎坷、困難重重的年輕戀人。

銀臂努阿達 ○

　　努阿達・阿根蘭（Nuadu Argatlámh）　（編按：因為「阿根蘭」的

位於法國內斯謝爾（Neschers）的一根圓柱石雕，刻的是天神朱庇特擊倒巨人。

意思是「銀臂」，也譯為「銀臂努阿達」）曾是達南族的國王。然而愛爾蘭神話傳統有一條嚴格的規定：國王的身體必須完美無缺，不能有任何殘損或畸形。努阿達的一條手臂在戰鬥中被砍斷了，因此他必須交出王位。不過，另一位神狄安克特向他伸出了援手。狄安克特是位醫者，擅長治療之術，同時也是位技藝精湛的金屬匠師。他用銀為努阿達做了一條新的手臂及手掌，這可能是早期神話學記載的首例義肢手術。

努阿達修復了完整形態的身體，得以繼續為王。然而，他還是厭倦了與達南族的宿敵佛摩爾族怪物永無休止的纏鬥，於是在裝上新臂後不久，就將王位交給了魯訶這位更年輕的神。努阿達的意思是「造雲者」，暗示著他最初的職能可能是控制氣候和雷雨，與希臘羅馬神話中的宙斯／朱庇特相似。

努阿達與諾登斯

　　我們並不是總能將中世紀凱爾特神話的神祇，與羅馬—不
列顛早期居民信仰的當地神祇建立起直接的關聯。然而，努
阿達與不列顛神諾登斯（Nodens）之間的關聯確實可以成立；
諾登斯的主要聖地位於迪恩森林（Forest of Dean）的利德尼
（Lydney），可以俯瞰到寬闊的塞文河（River Severn）河口處。
諾登斯與努阿達這兩個名字有相同的源頭，都是「造雲者」的
意思，也就是天空和氣候的掌控者。利德尼的諾登斯神廟建成
於 4 世紀中葉，當時基督教已是羅馬帝國的官方宗教。這座聖
所是在 1920 年代被摩蒂默・惠勒爵士（Sir Mortimer Wheeler）
發掘，他發現的銘文指出這裡是獻給諾登斯。考古發現還顯
示，諾登斯是位獵殺之神，也是療癒之神。廟中發現的供品
中有 9 座獵狗的雕像，其中最精緻華美的是一座年輕獵鹿犬的
青銅像（直到今天，利德尼鄉間大宅中還有一片用於獵鹿的圍
場）。

在利德尼諾登斯神廟發現的羅馬—不列顛時期青銅獵鹿犬雕
像複製品。

聖所內牆裝飾上的馬賽克圖案中有句銘文，提到這裡曾有一位「釋夢者」。這很可能是因為那些疾病纏身的朝聖者會前來神廟特設的宿舍裡過夜，盼望在夢中能得到神的醫治。廟中也有一間浴室，供受傷或患病的信徒在富含鐵質的泉水中沐浴，這可能對某些患者具有療效。利德尼的神廟位於一片古老的林地深處，地勢很高，高高地眺望塞文河口，還能見到河水在水位偏高的季節時所掀起的大潮。如果諾登斯與努阿達一樣也是位氣候之神，他的祭司很可能宣稱諾登斯的神職之一就是預測潮汐。

長臂魯訶：光明與正義之神 ○

當努阿達感到自己的精力漸漸不濟之時，一個叫做魯訶——他的名字是「閃耀者」的意思——的年輕人在塔拉的宮廷前，請求覲見。宮廷的看門人要求來訪者說出自己有哪項特別的技能，因為只有擁有獨一無二技能的人才能獲准進入。魯訶回答自己是一名木匠，但看門人告訴他宮廷已經有木匠了；於是魯訶又依次介紹自己為鐵匠、豎琴演奏者、英雄、作頌詩的詩人、魔法師、醫生、斟酒人和手工藝師。當守衛告知他，這些角色都已經有人擔任後，魯訶反駁道，他的特殊才能就在於他可以同時具有以上所有這些本事。於是他被允許進入宮廷觀見國王。很快地，他就取代了努阿達眾神之王的地位，開始用他的眾多才藝領導達南族。

詛咒和指環

在利德尼發現的眾多器物中，有一小塊鉛板，上面刻著一個詛咒。這類詛咒在古代世界叫做咒語石板（defixiones），或是「修正錯誤咒」，常被人供奉在傳說有療癒力的神廟。位於巴斯供奉蘇莉絲女神的神廟，就發現了許多獻給她，刻有類似詛咒的鉛板。利德尼的這片鉛板特別有趣的地方是它包含的訊息。這個詛咒是一個名叫希爾瓦努斯（Silvianus）的男子獻給諾登斯的。這名男子在神廟中遺失了一枚金戒指，很可能是在他到聖水沐浴前，脫掉衣服、首飾時被人拿走的。詛咒的內容顯示希爾瓦努斯懷疑竊賊也是名朝聖者，是他認識的人，叫做塞尼西阿努斯（Senicianus）。希爾瓦努斯請求諾登斯讓疾病降到小偷身上，直到戒指被送還到神廟為止。希爾瓦努斯承諾，屆時將把戒指的一半價值捐出來，作為給諾登斯的謝禮。

這個故事本身已經很有趣了，而且它竟然還有後續。後來在漢普郡（Hampshire）的羅馬城市西爾賈斯特（Silchester），竟然挖掘出一枚上面刻著「塞尼西阿努斯」的金戒指。難道這就是上面提到的那枚戒指，上面還被膽大妄為的竊賊刻上了自己的名字嗎？與利德尼詛咒故事有關的，還有另一件有趣的事實，當初很多人都去參觀過惠勒爵士的挖掘現場，其中一位就是托爾金。他被諾登斯、詛咒和戒指的傳說迷住了，不久後就開始動筆寫《哈比人》（*The Hobbit*）。托爾金造訪利德尼時遇到的事情，是否影響了他呢？

與怪物的戰鬥 ○

　　達南族入主愛爾蘭的過程並不輕鬆。他們入侵愛爾蘭之後，首先要戰勝兩族不同的怪物，才得以建立起自己的統治。首先是福爾博族（Fir Bholg），他們在達南族來到愛爾蘭之前就是這片土地的征服者。達南族與福爾博族在斯萊戈郡（Co. Sligo）展開第一場瑪圖里德之戰（Battle of Magh Tuiredh），努阿達就是在這場戰爭失去了手臂。不過最終達南族還是獲勝了，接下來他們必須面臨下一個敵人佛摩爾族。

　　魯訶一當上達南族的國王，主要任務就是繼續與第二群怪物的爭戰。他們是一群不好對付的敵人。所有具有巫術和製造魔法器具能力的達南族人，都被魯訶動員了，他們打造出無堅不摧的武器，以及可以對抗邪惡敵人的法術咒語。魯訶用強大的法術將山巒連根拔起砸向佛摩爾族，又把整個愛爾蘭的水域藏起來，讓佛摩爾族找不到。達南族還徵召了德魯伊，向佛摩爾族投射火焰，讓他們染上惡疾。

　　達南族與佛摩爾族的戰爭形成第二次瑪圖里德之戰，此役堪稱一場苦戰，兩邊都死傷無數。然而達南族有項絕對優勢：佛摩爾族的戰士一旦被殺就永遠死去了，但達南族是神族，只要將陣亡將士的屍體投入一口魔法水井中就能復活。為努阿達打造銀臂的工藝之神狄安克特和他的三個孩子站在井邊，死去的達南戰士就能恢復生命，重返戰場。魯訶自己也用魔法來激勵手下的戰士，他在隊伍中不斷遊走，口中吟唱著可以讓士兵增強戰力的咒語。

邪眼巴羅爾（Balor）

佛摩爾族有位令人生畏的勇士名叫巴羅爾。他只有一隻巨大的眼睛，要四個男子合力才能抬起他的眼皮。當巴羅爾的巨眼睜開時，他的盯視能讓整支軍隊動彈不得，這點和希臘神話中的梅杜莎（Medusa）一樣；無人能夠倖免。面對這樣一個令人生畏的敵手，魯訶迅速行動。當巴羅爾的眼睛快要轉向他時，他立刻從懷中掏出彈弓，瞄準巨眼發射。彈丸的衝擊力將巴羅爾的巨眼向後砸了出去，擊穿了他的後腦勺，因而那致命的凝視就落到了佛摩爾族自身上。瑪圖里德之戰結束了。在努阿達失去了手臂，還沒裝上銀臂時，有著一半佛摩爾人血統的布雷思國王（King Bres）曾不甚成功地統治過愛爾蘭一小段時間，達南族在獲勝後並沒有處死他，因為他曾給過神族很多關於農業生產方面的建議。

魯訶在彈弓射擊的精湛技藝讓他有了「魯訶‧拉姆哈達」（Lugh Lámfhada）的稱號，意思是「長臂魯訶」。威爾斯傳說裡也有一位和魯訶幾乎相同的神祇形象，他的名字叫做萊伊‧勞‧吉費斯（Lleu Llaw Gyffes，意思是「明亮者」或「巧手」）。我們幾乎可以肯定這位威爾斯神靈與愛爾蘭的魯訶是同一位，因為他們都代表光明及善，而且手藝精湛。

夢中戀人：奧恩古斯與紫杉姑娘 ○

　　和希臘羅馬神話中的艾洛斯（Eros）或丘比特（Cupid）一樣，奧恩古斯是愛爾蘭傳說中的愛神。他的主要職責就是幫助情路不順的戀人終成眷屬，《侵略之書》裡有很多故事都是和他有關。其中最浪漫的一個故事〈奧恩古斯之夢〉（The Dream of Oenghus），是這位神自己在夢中遇到了一個女子之後，陷入了「不可能的」愛情。他一醒來，就意識到自己狂熱地愛著這位夢中女子，於是立刻打探她的身分和蹤跡。

　　女子的名字叫做凱雅‧依波梅斯（Caer Ibormeith）——意思是「紫杉果」。最終，奧恩古斯在湖邊找到她，她與眾多年輕女子住在一起。然而凱雅和同伴們並不是一般女子，因為每年的薩溫節到來之際（舊凱爾特曆法中，薩溫節標誌著一年的結束），當時間停止，地上世界與神靈居住的異世界之間的大門洞開之時，她們就會變成天鵝。凱雅本人具有超自然的血統；她不僅可以變換自己的形態，她的父親顯然也屬於神族，因為他有自己的「仙丘」（位於異世界的宮殿）。少女變成的天鵝一對對被銀鏈連在一起。但凱雅除外，她沒有和任何其他天鵝配對，而是獨有一條金鏈。

　　凱雅的父親拒絕了奧恩古斯的求婚，但年輕的愛神並沒有輕易放棄。他意識到自己只有在凱雅變成天鵝時才有機會贏得她的芳心，於是他在薩溫節期間來到湖邊呼喚她。當凱雅向他游來時，他把自己也變成一隻天鵝，與她一起飛走。他們兩個繞著湖飛了三圈，邊飛邊唱著咒語，於是下面的所有人都陷入了沉睡，無法追上他們。奧恩古斯和凱雅飛去了奧恩古斯位於博

因河畔的宮殿，或許從此就幸福地生活在了一起。

　　為什麼會有銀鏈將天鵝成對地連在一起，始終沒有解釋。因為天鵝都是由人類少女變的，所以假定這些天鵝也都是雌性。但也有可能這些被一對對鎖在一起的天鵝實際代表的是一雄一雌，銀鏈則反映出一夫一妻制與終身伴侶關係。只有凱雅沒有與其他天鵝相連，戴著金鏈，可能暗示她處於單身狀態，以及未來將會嫁給神。

米迪爾與艾恬 ◯

米迪爾將自己打扮得光彩照人。他精心梳理了金色的長髮，還戴上了細細的金色髮箍。身穿紫色長衣，他英姿煥發地站在城堡的大門前，手持銳利的青銅長矛和飾有寶石的大圓盾。他開口向艾恬求愛時，灰色的眼眸中閃耀著光芒。

—————————————《侵略之書》的〈向艾恬求愛記〉

　　米迪爾與奧恩古斯一樣，也是達南族一員，他是雷斯（Bri Léith）仙丘的主人。米迪爾深深地愛上了一個名叫艾恬的女子，她雖是個凡人，但擁有一些超自然的能力，例如：可以哼唱著曲子幫助米迪爾入眠，以及當敵人靠近他時提前警告。米迪爾的妻子法拿哈（Fuamnach）極為嫉妒丈夫的新戀人，憤怒的報復之心爆發，在艾恬身上下了咒語，將她變成一泓清水、又變成一隻紫色飛蟲。但這仍然不能平息法拿哈的憤怒，於是

她又召喚了一陣風將艾恬變成的飛蟲吹得無影無蹤。然而此時，戀人的守護神奧恩古斯出手援救了這個可憐的女子，將變成飛蟲的艾恬藏到了他位於博因河畔的宮殿。法拿哈的詛咒效力很強，奧恩古斯拚盡全力想破除它，但只成功了一半，艾恬從此只能在晚上恢復人形。

　　然而，法拿哈的魔法颳起的颶風又一次把艾恬吹走了，這次她變成的飛蟲掉到了酒杯裡，被一名阿爾斯特英雄的妻子

在英格蘭格洛斯特（Gloucester）發現的墨丘利（Mercury）與羅斯默塔（Rosmerta）的浮雕，畫面中墨丘利帶著一隻公雞，而羅斯默塔手拿著長柄勺、權杖和桶子。這一對形象來自愛爾蘭傳說的神族情侶米迪爾和艾恬。

艾達（Edar）給吞下肚。於是艾恬的第一次生命結束了。她在1,000年後重生為嬰孩。然而米迪爾仍然沒有停止對她的追尋，最終找到了重生後的艾恬。此時她已成年，嫁給了愛爾蘭國王歐林。歐林之所以和她結婚，只是因為他的臣民聲稱除非他娶妻，否則就拒絕遵守他的稅收政策。米迪爾用自己神族特有的能力重新贏得了艾恬，他趁艾恬不注意吻了她，從而喚起了她

天鵝的象徵主義

許多愛爾蘭神話故事，包括奧恩古斯和凱雅，以及米迪爾和艾恬的兩則愛情佳話，都變形為天鵝。天鵝是種富有魅力的鳥兒：碩大、潔白、美麗，有時也會很凶猛，儘管最常見到的情景是天鵝在平靜水面上游來游去。水禽在凱爾特傳說有著強大的象徵性，因為牠們在水、空氣和土地這三種元素中都能安居。天鵝潔白耀眼的羽毛很可能讓牠們獲得了額外的優勢，引發人聯想到純潔；另外天鵝一夫一妻制的習性，讓牠們能夠象徵忠貞不渝，特別適於比擬神界的戀人。說書人偏愛天鵝，討厭和天鵝相對的烏鴉和渡鴉，這些全身黑的食腐鳥類，靠大戰過後陣亡戰士的殘軀腐肉為生，經常預示著災禍。

在愛爾蘭安特里姆郡（Co. Antrim）的杜斐爾尼（Dunaverney）發現了鐵器時代初期用於筵席上的青銅肉叉。

關於前世初戀的記憶。於是他們一起逃出了歐赫國王位於塔拉的宮廷，這對幸福的戀人像奧恩古斯和凱雅一樣，也變成天鵝飛走了。

米迪爾和艾恬的故事充滿了神性和魔法的元素：變形、長壽和重生都是超自然事物的標誌。時機的巧合使形體變化成為可能：薩溫節是一段「不存在」的時間，此時秩序崩解，混沌當道。

致命吸引：愛爾蘭神話中的三角戀情 ◯

卡思巴德將手放在那女人的腹部，預言這個未出生的孩子是女孩，名叫荻德麗，她將有絕世的容顏，卻會為阿爾斯特帶來毀滅。

―――――――――――――――――― 《劫掠庫林之牛》

愛爾蘭諸神故事有一個反覆出現的主題，就是年老的丈夫（或未婚夫）、年輕的女子與年輕的追求者之間的三角戀情。這可能是主權神話的偽裝變體，在這類神話中，年老的國王遭到年輕的王位爭奪者的挑戰，而位於三角中心的年輕女子則扮演著主權女神的角色，年輕篡位者必須透過與她交歡，贏得她賜予這片土地繁榮的能力。如果國土需要恢復活力，那麼衰老的君王必須被奪去王位，由生機勃發的新人接任。奧恩古斯和凱雅的故事在一定程度上也遵循這個主題，儘管在這個故事中，年老的對手是凱雅的父親，而非國王。實際上，威爾斯的

傳說故事〈庫爾威奇與奧爾溫〉也有相似的模式（參見第 163-165 頁）：奧爾溫的父親和凱雅的父親一樣，也禁止她嫁給年輕的戀人庫爾威奇（Chlhwch）。

　　兩則愛爾蘭故事提供了青春和暮年之間緊張關係的戲劇性畫面。第一個故事來自一部 9 世紀的文本，是阿爾斯特故事群的一部分，為《劫掠庫林之牛》的前傳，記載了康勃爾國王、他的養女荻德麗及其戀人諾伊修之間的三角關係。第二個故事則來自於 10 世紀的傳說，後來被編入 12 世紀的芬恩故事群。這個故事講述了迪爾梅德（Diarmaid）和格蘭妮（Gráinne）的愛情故事，格蘭妮已經許配給了費奧納（Fianna）戰團的年邁首領芬恩。

　　荻德麗常被叫做「悲傷者荻德麗」，她的命運早在她出生之前就被阿爾斯特的宮廷德魯伊卡思巴德預言了。卡思巴德預言，這個孩子將擁有傾國傾城的美貌，但阿爾斯特會因為她而覆滅。於是宮中臣子紛紛要求殺死這個嬰兒，但國王卻拒絕了他們的請求，決定將她收為自己的養女祕密撫養。然而隨著小女孩漸漸長大，康勃爾被她的美麗迷住了，想要娶她為妻。荻德麗自小長在深閨，沒有見過其他男人，但有天她偶然見到養父殺死一頭小牛並將其剝皮的情景，這時有隻渡鴉飛落，啄食小牛流出來的鮮血。四周大雪飄落。荻德麗被眼前白色、紅色和黑色三者並存時的鮮明對照深深震撼了。她發誓自己要嫁給一個頭髮像渡鴉羽毛一樣黑、皮膚像雪一樣白、臉頰像鮮血般紅潤的男人。

　　荻德麗身邊有一個伴從（更可能是她的監護人），名叫雷

亞爾赫（Leabharcham）；她告訴荻德麗，事實上的確有個符合以上標準的年輕人，他的名字叫做諾伊修；諾伊修有兩個兄弟。不同於其他三角戀情的發展，在這個故事中，是女方荻德麗先對諾伊修展開了追求。她試圖接近諾伊修，但她會為阿爾斯特招來災禍的名聲早已遠近皆知，因而諾伊修回絕了她的示好。但荻德麗沒有放棄，因為她知道一種讓他無法拒絕的手段：向他的榮譽發起挑戰，威脅他如果不與自己私奔，就會蒙受羞辱，再也抬不起頭來。

於是這對情人和諾伊修的兩個兄弟一起逃到了蘇格蘭，但不久後康勃爾就派弗格斯・麥克・洛伊（Ferghus mac Roich）作為使者召他們回艾汶瑪卡（Emhain Macha，參見第 181-182 頁），聲稱自己已經赦免了他們的背叛行為。但國王的承諾原來是場騙局。報復心重的國王雇了一個名叫歐漢（Eoghan）的人，殺死了諾伊修和他的兄弟，而荻德麗面臨的懲罰則是被迫嫁給殺害她愛人的凶手，不願從命的她選擇了自盡。弗格斯對康勃爾的背信棄義非常憤怒，與他大吵一架後，率領部下叛離阿爾斯特宮廷，前去投奔他們的死對頭，康納赫特的梅芙女王。於是卡思巴德的預言成真了，荻德麗的確成了阿爾斯特的災難之源。

芬恩、迪爾梅德和格蘭妮的故事，照著康勃爾、荻德麗和諾伊修的相似模式發展。格蘭妮與荻德麗一樣，也先主動追求迪爾梅德，儘管她當時已經與芬恩訂婚。她對芬恩的背叛暗示著她和其他阿爾斯特的主權女神一樣，她拋棄年老體衰的凡人丈夫，尋求與富有青春活力的年輕伴侶結合，從而使愛爾蘭重

新獲得繁榮和穩定，煥發新的生機。迪爾梅德和諾伊修一樣，一開始也在格蘭妮的攻勢面前退縮了。他處在一個尷尬的位置上，因為他是芬恩的副將，榮譽要求他忠於其主。

　　然而，格蘭妮也用了與荻德麗完全相同的手段，以迪爾梅德身為英雄的榮耀威脅。於是他身上現在背負了相反的雙重義務，陷入了無法脫身的困局。後來，他還是順從了格蘭妮的意願，兩人從芬恩的領地塔拉私奔了。芬恩這名被拋棄的年老未婚夫，對他們窮追不捨，持續 7 年之久。然而，這對苦命的戀人有個幫手。愛神奧恩古斯恰好是迪爾梅德的養父。他試圖幫助兩人，警告他們不要連續兩晚睡在同樣的地方。他們在躲藏的過程中還吃下了魔法森林丹諾斯（Duvnos）中「不朽之樹」

在愛爾蘭多尼哥郡（Co. Donegal）的基爾克魯尼（Kilcooney），有一處新石器時代的墓葬，叫做「迪爾梅德之床」。

的果子，因此獲得了有限的永生。這意謂著他們只能被比不朽之果的魔力更強大的法術殺死。

芬恩像康勃爾一樣，也採取了誘騙的手段。他假意與迪爾梅德和好，邀請對方與自己一起狩獵野豬。這是個格外狡詐的計謀，因為芬恩知道一個有關迪爾梅德的預言：他將被一頭野獸「波安‧古爾班的野豬」（Boar of Boann Ghulban）殺死。這頭野獸有變形的能力：他曾經變成過人形，而他變成的人正是與迪爾梅德一起長大的養兄弟。文獻中對迪爾梅德的死有兩種說法。其中一個版本，他被野豬背上浸透了毒液的尖刺戳傷，不治身亡。而另一個版本則描寫芬恩才是造成年輕人死亡的罪魁禍首。芬恩可以餵水給迪爾梅德來救活他。他曾三次用雙手掬來具有療癒效果的神聖井水，但前兩次還沒走到迪爾梅德面前，就故意讓水從指縫間漏掉了。他第三次捧來聖水，終於下定決心要救治自己的年輕情敵，但晚了一步：迪爾梅德已經死了。

蓋爾人和女神 ○

據《侵略之書》記載，蓋爾人或凱爾特人——文本有時還會稱他們為邁爾斯人（Milesians）——是愛爾蘭這片土地的最後征服者。他們打敗了達南族，讓達南族隱遁到了地下的異世界宮殿（或仙丘）。達南族的始祖女神達努有三個對手，力量都比她本人強大。這三位女神（愛麗尤、芙德拉和邦芭）是愛爾

蘭的人格化象徵，蓋爾人入侵愛爾蘭時就與她們相遇了。她們三個之間也是互相競爭的關係，每位女神都要求與蓋爾人結盟，要他們以自己的名字來命名這塊土地。作為回報，勝出的那位女神承諾讓蓋爾人永遠統治愛爾蘭。

愛麗尤最終獲勝了，成為愛爾蘭的命名女神和奠基者；直至今日，愛爾蘭還保留愛麗尤女神另一個名字，又叫做「愛麗琳」（Érin）。愛麗尤也是原初的主權女神，象徵著神聖王權。與許多其他的愛爾蘭女神不同，愛麗尤是屬於整個愛爾蘭的，是愛爾蘭的精髓和象徵，讓愛爾蘭這個國家豐饒繁榮。她在蓋爾人入侵後獲得至高無上的地位，此事早被詩人阿姆海吉（Amhairghin）言中，阿姆海吉不僅有預言未來的能力，而且也和神靈多有來往。

4

迷魅威爾斯：
　　魔法之鄉

普伊爾走向宮廷上方叫做「阿爾伯思王座」的土丘頂端。「大人，」某位宮廷成員說道，「這個土丘的蹊蹺之處在於，無論哪位貴族，只要一坐上去，就會發生兩事之一：不是他的身體會受到傷害，就是他會見到奇異的景象。」

———————————————————————— 《馬比諾吉昂》第一分支

　　威爾斯的傳說大部分都出自《馬比諾吉昂》。它有四個分支，各自敘述了一個彼此相關、但也能獨立成篇的故事。其中第一分支講述了關於阿爾伯思的領主普伊爾、安農（異世界）之神亞倫文和普伊爾的妻子里安農的故事。第二分支是關於哈萊克（Harlech）領主布蘭、他的姐妹布朗溫和布朗溫的丈夫馬瑟路夫（Matholwch）的故事。第三分支敘述了德韋達（Dyfed）被施魔法的經歷，以及馬納威丹（Manawydan）和普伊爾之子皮德瑞的冒險。第四分支則圍繞著格溫內斯（Gwynedd）的領主馬斯（Math），他的外甥格溫蒂昂和吉爾韋綏，以及萊伊·勞·吉費斯和布蘿黛維（Blodeuwedd）之間多災多難的婚姻關係。

除了《馬比諾吉昂》四分支之外，另外還有幾個較長篇的故事，分別是〈庫爾威奇與奧爾溫〉，講述英雄庫爾威奇藉由完成常人所不能為的功績，贏得奧爾溫芳心的故事；以及〈安農的戰利品〉〈羅納布伊的夢〉與〈皮爾杜〉。這些故事共同豐富了凱爾特神話這幅光彩熠熠的畫卷，裡面充滿了神靈、半神、被施了魔法的生物、魔法大鍋、魔法師、變形術，還有善與惡之間的爭鬥。

將威爾斯和愛爾蘭的神話傳統放在一起比較，就能看出兩者之間的主要差異在於它們凸顯異教元素的程度。儘管愛爾蘭的神話文本也是出自修道院的書寫，但其中充滿了異教男女諸神的形象，呈現出一種全然異教多神論的宗教體系。實際上，除了早期聖布麗姬（Saint Brigit）、聖派翠克（Saint Patrick）等幾位聖徒的生活傳記之外，愛爾蘭文獻很少有基督教成分。但在威爾斯的傳說文獻中，儘管也明顯存在著異教元素，但其色調就黯淡得多。不止一次提到基督教的上帝，其中最顯眼的例子是〈庫爾威奇與奧爾溫〉故事，被施了魔法的野豬圖夫圖茲，自稱是上帝為了懲罰他的惡行，才將他從人變成動物。而「被祝福的布蘭」、普伊爾、皮德瑞和萊伊・勞・吉費斯等英雄都被塑造為「弱化版的神靈」，里安農和布朗溫等出身高貴的婦女也是如此。

威爾斯神話中很多主角的血統都來自於具有神靈屬性的先祖席爾（Llyr），包括被祝福的布蘭與他的姐妹布朗溫、戈菲隆（Gofannon）與馬納威丹。戈菲隆和馬納威丹這兩位威爾斯神，可以在愛爾蘭神話找到明確的對應：分別是工匠之神哥布

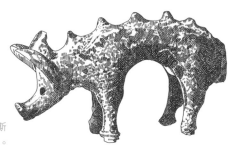

在倫敦附近，米德塞克斯郡豪恩斯洛（Hounslow）發現的青銅野豬像。

紐和海神曼納南（Manannán），他是李爾（Lir）之子（愛爾蘭的李爾與威爾斯的席爾系出同源）。如果我們仔細審視威爾斯故事，也能從中發現其他異教神的蛛絲馬跡。不然，在庫爾威奇完成挑戰的過程中，我們該如何詮釋他遇到的幫手「獵人馬彭」（Mabon the Hunter）的身分？他必然是考古學界在高盧—不列顛等地考證出來的神祇馬波努斯（Maponus）的化身，馬波努斯之名又與古希臘神話中的獵神阿波羅（Apollo）相關。里安農身上與馬相關的象徵也暗示著她的神性，很可能是由高盧—不列顛的馬之女神愛珀娜發展而來的（參見第 64-65 頁）。

在丹麥貝昂（Brå）發現的鐵器時代大鍋上雕有貓頭鷹的臉孔。

威爾斯萬神殿和英雄們 ○

　　若說威爾斯諸神不如愛爾蘭萬神殿那麼斑斕鮮明的話，威爾斯神話中洋溢的超自然元素則完全可以為它扳回一城。隨處可見魔法師的身影和魔法情節。善與惡兩種力量的對峙，正義似乎最終永遠都能取勝（這點也體現了基督教的道德影響，正義戰勝邪惡）。這些故事中充滿了魔法變形的記述：人類變成動物，良田化為荒漠。亡者在魔法大鍋中被復活；動物可以開口說人話；巨人的身體大到可以跨越海峽；頭顱被砍下後仍然倖存，還能口吐睿智的言語。

　　引人注目的一點是，威爾斯傳說中最重要的女性，也大多是些背景人物，而非活躍的英雄角色。然而她們推助情節的力量不可小覷，她們的存在既能激化衝突，也能化干戈為玉帛。舉例來說，正是布朗溫的愛爾蘭丈夫對她的欺辱，導致了威爾斯和愛爾蘭之間災難性的戰爭，幾近毀滅了這兩個國家。里安農起初看起來似乎是個強健而富有挑戰性的屬害角色，她是一位來自異世界的女神，能力堪與俗世的君主普伊爾旗鼓相當，而且還能自己做主選擇丈夫。然而，隨著故事情節的發展（參見第102-104頁），她卻逐漸變成了和布朗溫一樣，是「被虐待的妻子」的典型形象，再無從前那個剛烈不羈的神話女英雄的風采。《馬比諾吉昂》中唯一一個強勢的「女人」是布蘿黛維，她是第四分支裡一個邪惡的通姦婦女。她之所以如此狠毒與悖德，故事解釋她並不是個真正的人類，而是由魔法師用花朵變幻而成的。威爾斯傳說體系中對女性的這種呈現方式，或許最能反映背後的基督教意識形態，在這種意識形態之下，女性絕

威爾斯的主神與英雄們

被祝福的布蘭（Brân the Blessed/Bendigeidfran）：格溫內斯哈萊克的領主，具有神族血統

布朗溫（Branwen），**布蘭**的姐妹：威爾斯與愛爾蘭戰爭的導火線

普伊爾（Pwyll）：德韋達阿爾伯思的領主，具有神族血統

里安農（Rhiannon），**普伊爾**之妻：駿馬女神的化身

皮德瑞（Pryderi），**普伊爾**與**里安農**之子：在普伊爾之後，繼任為德韋達的新任領主

馬納威丹（Manawydan）：幻術師、工藝師、農業之神

馬斯（Math）：格溫內斯的領主，一位創造神

萊伊・勞・吉費斯（Lleu Llaw Gyffes），**阿麗安蘿德**之子：一位光明之神

阿麗安蘿德（Arianrhod），**萊伊**之母：一位月神

亞倫文（Arawn）：異世界（安農）之王

布蘿黛維（Blodeuwedd）：一個從花造出的敗德女人

馬彭（Mabon）：一位狩獵神

戈菲隆（Gofannon）：一位工匠之神

羅納布伊（Rhonabwy）：一位波伊斯（Powys）英雄

皮爾杜（Peredur）：匡扶正義者，與惡毒女巫為敵

亞瑟（Arthur）：一位不列顛英雄

庫爾威奇（Culhwch）：一位神族的獵人英雄，是奧爾溫的戀人

奧爾溫（Olwen）：庫爾威奇的戀人，巨人伊斯巴達登（Ysbaddaden）之女

大多數都是男性軟弱無力的附屬品、無助而不幸的處女,如第四分支中的戈伊溫(Goewin),或是惡貫滿盈的非人類,如布蘿黛維。

普伊爾與里安農 ○

他立刻上馬追逐那女子。他跟著她來到一片平坦開闊的大平原,用靴子上的馬刺不停催促馬匹向前,可是馬被催得越緊,似乎距離她反而越遠了。然而她看上去卻依然保持著出發時的步伐和節奏。他的馬漸漸疲憊了,速度也越來越慢,當他意識到這一點時,就轉身回到了普伊爾之前所在的地方。

———————————————— 《馬比諾吉昂》第一分支

《馬比諾吉昂》第一分支以阿爾伯思的領主普伊爾與異世界之王亞倫文的奇妙相遇開篇。某天普伊爾和亞倫文兩人都出外狩獵,對究竟是誰的獵犬殺死了兩人同時追逐的一頭公鹿展開了爭執。他們最後協定以這樣的方式解決爭端:普伊爾答應了亞倫文的請求,與他在接下來的一年又一天內交換身分,並且在這段時間裡普伊爾還需要幫助亞倫文殺死他的宿敵哈夫甘。於是,普伊爾在亞倫文的國度終日宴飲,度過了愉快的一年。

接下來的故事,普伊爾以奇特的手段贏得里安農,娶佳人為妻。當里安農第一次在普伊爾眼前出現時,他正坐在一個神聖土丘(阿爾伯思王座)上,看見一個遍體金色的絕美女子騎著

一匹閃閃發光的白馬從面前走過，普伊爾和手下最快的騎士都無法追上。當普伊爾朝她大聲呼喊時，她才停下了腳步；不久之後兩人就結為夫妻。

他們的兒子是皮德瑞，他的出生和童年經歷同樣充滿了異世界的魔法。首先，里安農在婚後 3 年一直沒有懷孕，這讓普伊爾宮中廷臣議論紛紛，抱怨王位不能沒有繼承人，催促普伊爾廢掉不能生育的王后，另娶新人。普伊爾請手下再耐心等待一年，如果一年後沒有子嗣，他才廢后；依照故事的發展，里安農果然在期限內喜獲兒子。然後，一切就開始變糟。在五朔節前夜（May eve）——這段時間總是比較危險，因為這是凱爾特人慶祝立夏的朔火節（Festival of Beltane）——新生兒突然消失了，當時負責看護他的宮女都睡著了。當她們醒來之後，由於懼怕失職會受到懲罰，便一起密謀構陷孩子的母親里安農，並殺死了一隻幼犬，將狗血抹在王后的手上和臉上，聲稱是里安農將孩子吃掉了。於是她不僅被指控謀殺幼子，還加上了食人的罪行。

儘管眾人都建議普伊爾處死做出駭人行徑的妻子，但普伊爾卻沒有照做，而是罰她以苦行懺悔自己的罪孽。她所受懲罰的方式指向她與馬的密切關係，說書人早在敘述他們相遇的情節時就已提過里安農和馬的關係了。她被罰 7 年內都要伏在宮廷大門外的馬廄旁，像一匹馱運重物的牲口，所有來到宮廷的訪客都可以騎在她背上驅使她。說書人透過這種方式，既表現了羞辱，也提醒聽眾里安農與馬有關的象徵。故事的結局和里安農冤情的昭雪，將在後文敘述（參見第 141-145 頁）。

古瓦爾（Gwawl）與「袋子裡的獾」

某天，當普伊爾和里安農正舉辦訂婚宴時，一個年輕人出現在普伊爾的宴會大廳中，人們邀請他坐下來一起吃喝。根據習俗，他向領主提出了一個請求，而普伊爾回答，他可以給這個陌生人任何他想要的東西。於是年輕人回答，他想要里安農。原來他正是一名曾被里安農拒絕的追求者。里安農怒不可遏，而普伊爾陷入了兩難，不知該怎麼做才好，因為如果他收回之前的承諾，就要背上不守信用的罵名。

里安農想出一個主意。她給了普伊爾一個小袋，囑咐他細心保管。然後她又轉向那名叫做古瓦爾的年輕人，要他過一年又一天後再來見她，屆時她將為他準備筵席，與他共寢。而普伊爾會穿著破爛的衣服，拿著里安農給他的小袋。約定的日子終於到來，古瓦爾帶著隨從前來要帶走新娘，而普伊爾也帶著小袋到場了。就像之前計畫好的那樣，普伊爾請求里安農用食物裝滿自己的小袋，但無論她往裡面放了多少東西，小袋都還能裝下更多。

古瓦爾問里安農，這個小袋是不是永遠都沒辦法填滿了；她回答，只有讓一名強大的領主跳進袋子裡，把裡面的東西壓下去才行。於是古瓦爾立即跳進袋中，普伊爾立即繫上袋口，將自己的情敵關在裡面。他隨即吹響號角召集手下，眾人一擁而上，制服古瓦爾的隨從並將他們捆綁起來。每當有普伊爾的手下走進大廳，他就朝著袋子狠揍一拳，問手下裡面是什麼東西。他們紛紛回答「是一隻獾」。於是，「袋子裡的獾」這個遊戲就誕生了。在經歷了一番談判之後，古瓦爾被放了出來，回家平復自己身心受到的重創。就在當夜，普伊爾和里安農終於可以完成洞房了。

創造和墮落 ○

《馬比諾吉昂》的四個分支都充滿了超凡之人與事件，而且這些都發生在威爾斯的兩大皇族（南方的德韋達和北方的格溫內斯）之間。兩個家族之間的緊張關係隨著故事的敘述展開，這些情節很可能和古代威爾斯南北勢力之間實際有過的衝突有關（即使到了今天，南北矛盾也並未完全消弭）。要將這些故事中「童話」的面向，以及其中所傳達的善與惡、痛苦與喜悅等訊息，與本質上屬於異教神祇的結構完全分離並不容易。在這些故事裡，究竟誰是神、誰又是被掩藏的神力玩弄於股掌間的凡人呢？

《馬比諾吉昂》第四分支或許有最顯著的異教元素。故事中的中心人物是萊伊・勞・吉費斯，他是阿麗安蘿德之子；因為阿麗安蘿德拒絕為兒子取名，所以是由他的舅舅格溫蒂昂命名為「萊伊・勞・吉費斯」，意思是「聰慧者」或「巧手」。「萊伊」之名，顯然揭示了他是光明之神的屬性，與愛爾蘭的魯訶一樣（萊伊和魯訶也都是工藝之神）。第四分支中也講了所有威爾斯傳說文獻裡最接近創世的神話：格溫內斯的馬斯國王與他的「持足者」。

處女與國王

當時，馬索努伊之子馬斯只有將雙腳放在一名處女的懷中才能生存，除非戰爭動盪而無法這樣做。當時為他持足的少女是葛伊溫，她是佩彬（Pebin）的女兒，來自阿豐（Arfon）的佩彬谷（Dol Pebin）。她

是其當代已知最美的少女。

——《馬比諾吉昂》第四分支

第四分支的中心人物是格溫內斯的領主，馬索努伊（Mathonwy）之子馬斯，整個故事都是圍繞著他而發展。幾乎可以確定的是，馬斯一定是神族的後裔。他的故事在威爾斯神話學中獨樹一幟，因為其中可能反映出一個「創造及墮落」的前基督教神話。馬斯擁有力量（及維持生命）的條件是，除了他在外與敵人作戰的時間之外，平時他都必須待在家裡，而且更怪異的是，他必須把雙腳放在一個少女的懷中，而少女還必須要是處子之身。馬斯的「持足者」名叫葛伊溫（Goewin）。馬斯身上這個奇怪的禁忌，最有說服力的一種解釋就是他的起源和「神聖王權」（sacral kingship）的異教神話傳統有關，愛爾蘭神話中盛行這項傳統，其中身為凡人的國王需要「娶」國家化身的主權女神。在威爾斯的傳統發展裡，「女神」的處子身分顯然反映了尚未發散的女性性欲感知力，這種力量是國家能夠保持繁榮的關鍵。

不過，國王的腳與土地之間的關聯可能有著更複雜的根源。18 世紀中葉，庫克船長（Captain Cook）探索大溪地（Tahiti）時，發現當地有這樣的習俗：當玻里尼西亞（Polynesian）酋長離開自己的土地，去外地出訪時，必須全程被人抬起，因為酋長的腳踏過的任何土地都會自動歸他所有，因而將與鄰邦挑起爭戰。當然，我們無法假定中世紀威爾斯的早期習俗與 18 世紀的玻里尼西亞有任何直接的關聯。但庫克的觀察啟發我們

尋找深入解讀馬斯情況的方式。

在口述故事的模式下，說書人一說出馬斯統治格溫內斯的這個特殊條件時，聽眾立刻就能意識到後來這個條件一定會被打破，事實也的確如此。馬斯的外甥吉爾韋綏垂涎葛伊溫的美貌，於是與他的兄弟格溫蒂昂共謀發起一場戰爭，迫使馬斯離開宮廷和他的「持足者」。格溫蒂昂讓北方的格溫內斯和南方的德韋達挑起戰爭，他向馬斯提起，南方的德韋達領主皮德瑞獲得了一些特別的新牲畜，一群北方人從來沒見過的豬，牠們的肉比牛肉還要香甜。這些豬來自異世界安農，是安農之主亞倫文送給德韋達的禮物。馬斯聽了之後想要得到這些豬，派格溫蒂昂去取。格溫蒂昂是位魔法師，他講故事的本領出神入化，迷倒眾生，任何人都會心甘情願地把所有東西送給他。格溫蒂昂扮作一個友善的吟遊詩人造訪皮德瑞的宮廷，之後卻設計偷走了那些豬。就這樣，格溫蒂昂成功地引發了戰爭。最終是格溫內斯一方獲勝，皮德瑞被殺死。

戰爭結束後，馬斯回到家中，卻發現自己的處女持足者已經被吉爾韋綏強暴，他的國王之力也隨之失去了。震怒的馬斯隨即將那兩兄弟變成了野獸。還將已無用處的葛伊溫嫁給了朝中的一名貴族，並公開徵求下一任持足者。馬斯的外甥女阿麗安蘿德（Arianrhod，意思是「銀輪」）前來應徵。馬斯為了測試她是否純潔，命她跨過自己的魔法手杖。不幸的是，她沒有通過這項測試：就在她一隻腳跨過手杖的時候，生下了一對雙胞胎。其中一個名叫迪蘭（Dylan）的孩子立刻逃向了海洋，從此在傳說中消失得無影無蹤；而另一個孩子則被格溫蒂昂取走

收養。說書人並沒有說到，馬斯最後究竟有沒有找到新的持足者。如果沒有的話，可以判斷他的王權力量將削弱了。

阿麗安蘿德為沒有通過處女測試感到羞恥，十分敵視自己的次子。她在他身上下了個詛咒：除了她自己之外，沒有任何其他人可以給這個男孩取名字；也沒有任何其他人可以讓他獲得武器；另外永遠不會有女人做他的妻子。然而這個孩子的舅舅格溫蒂昂，使用了魔法設法規避這三項禁令。阿麗安蘿德的次子叫做萊伊‧勞‧吉費斯。他為了避開母親所下的第三個詛令，娶了格溫蒂昂用魔法從花朵召喚出來的妻子。她的名字是布蘿黛維，意思就是「花女」。然而她是個水性楊花的惡毒女人，後來想要謀殺丈夫（參見第 170-172 頁）。

萊伊被布蘿黛維的情夫格羅努（Gronw）投擲的標槍重傷性命，在垂危之時，他大叫一聲，變身成鵰飛到了一棵橡樹上。格溫蒂昂後來跟隨著一頭在樹下覓食的母豬（又是豬！）來到那裡，找到了萊伊。

金碗與被施咒的土地 ○

在噴泉的一側邊緣，有一個繫著四條鎖鏈的金碗，放在一塊大理石板上，鎖鏈從上方懸掛下來，他看不見這些鎖鏈的盡頭在哪裡。他被金碗懾人心魄的美麗和精巧的做工深深迷住了，於是走上前拿起了它。然而，他的雙手一碰到金碗就動不了，雙腳也無法離開正踩著的大理石板一步，語言能力盡失，一個字也說不出來。

———————————————《馬比諾吉昂》第三分支

　　第三分支的主角是馬納威丹，他是席爾之子，德韋達王室的成員，布蘭和布朗溫的兄弟。威爾斯神話的馬納威丹對應愛爾蘭神話的李爾之子曼納南，他也是魔法師，會玩弄幻術。他也有精湛的手工技藝。第一分支的女英雄里安農，在普伊爾死後，又嫁給了馬納威丹。第一分支與第三分支的另一個關聯則是阿爾伯思王座。在第一分支中，這個王座讓普伊爾初次見到里安農，而馬納威丹遇到王座卻是一場災難。他和新婚妻子里安農、繼子皮德瑞、兒媳席格法（Cigfa）一起登上這座土丘，然而就在他們這麼做時，整個德韋達被施了魔法，瞬間消失得無影無蹤，他們眼前除了一片迷霧之外什麼都看不見。

　　於是四人決定離開曾是德韋達的那片虛空，遠赴英格蘭去碰運氣。他們到了一個城鎮，兩名男人先後開了鐵匠鋪、鞋匠鋪和馬鞍店，但因為他們的手藝過於高超，搶了其他人的生意，被一群怒氣沖沖的競爭對手趕出了城。英格蘭待不下去了，他們只好回到德韋達原來的地方，以打獵為生。然而，異世界並不遠。一次外出打獵時，馬納威丹和皮德瑞遇見一頭超自然的野豬。這頭野豬身形龐大，全體雪白耀眼（和里安農的白馬一樣），將兩個獵人和他們的獵狗一路引至某個陌生的城堡。馬納威丹感到這個地方很可疑，就停住了腳步，然而皮德瑞卻不聽繼父的勸告，執意跟隨那隻野獸進入城堡。他一踏進城堡大門，目光就被眼前用鏈條懸掛在天花板上的一個金碗吸引住了。他一碰到金碗，就中了魔咒，被固定在原地，無法說話、也無法活動。他的母親里安農聽說此事，隨後走進城堡，被相同的咒語困住。

　　馬納威丹無法再打獵，因為他的獵狗已經跟著皮德瑞一起消失了。於是他轉而務農，開始種麥。神話這部分情節可能殘留了古代的起源，用以解釋威爾斯轉向農業生產的經過（就像格溫蒂昂偷走皮德瑞那些神奇的豬，可能是用來解釋養豬業的起源一樣）。正當馬納威丹準備收穫糧食時，他的兩塊田地卻遭到一群老鼠的襲擊。

　　他做了精心準備，正等著這群老鼠襲擊第三塊田地時要抓住牠們，卻發現老鼠跑得比想像中要快，他只抓住了一隻動作遲緩的懷孕母鼠。他想了一個奇怪的主意，要把這隻母鼠吊死，這時一位「主教」出現了，打斷了他的行刑。馬納威丹認出這位主教其實和他一樣也是位魔法師，對里安農及她的前夫普伊爾懷著深仇舊恨，正是他下咒讓德韋達變得荒蕪破敗。要被吊死的那隻母鼠其實就是他的妻子。馬納威丹提出，要想妻子活命，就必須讓德韋達恢復原狀，並且釋放被困在魔法金碗中的皮德瑞和里安農。那位魔法師照辦了，於是馬納威丹就放了母老鼠，讓她變回人形。

魔碗 ○

　　那個能對皮德瑞和里安農施放控制咒語的金碗，究竟有什麼重要性呢？用貴金屬製成的碗、盤和酒杯是繁榮富足的象徵，而且在鐵器時代早期到基督教發展早期的那段時間裡，不列顛和歐洲人民的生活裡，它們可能還有宗教的功能。其中

最早的代表性物品是在瑞士蘇黎世（Zürich）的阿特斯泰滕區
（Altstetten）發現的一個金碗，它於西元前 6 世紀由金板壓製
而成。這個碗有一圈裝飾圖案，上面是各種鹿、野兔和新月與
滿月交替出現。它必定是祭司在某種宗教儀式上使用的禮器，
可能和夜晚有關。

　在鐵器時代早期到基督教發展早期的那段時間尾聲，在利默
里克郡（Co. Limerick）的阿爾達（Ardagh）發現了一個愛爾蘭—
基督教聖餐杯，它製作的年代是西元 700 年。華麗奪目的杯體

在蘇黎世阿特斯泰滕區發現的金
碗，製作於西元前 6 世紀，由金
板壓製而成，碗上飾有野兔、鹿
和月亮的圖案。

阿爾達的銀質聖餐杯，大約製作於
西元 700 年，上面刻有使徒名字，
裝飾著凱爾特風格的花紋和動物浮
雕。

聖杯

中世紀凱爾特文學流傳下來的一個標誌性元素就是「聖杯」的故事。聖杯傳說並不是發源於威爾斯，而是在法國。最早的記載可追溯至 1180 年的克雷蒂安·德·特魯瓦。聖杯故事主要是「尋覓的故事」。法國「亞瑟王傳奇」也是如此。主角是亞瑟王麾下的一名騎士珀西瓦爾（Perceval），有天他在野外漫遊時，遇到了一個跛腳的老人，邀請珀西瓦爾造訪他的城堡。珀西瓦爾與老人共進晚餐時，見到了一支怪異的隊伍，領頭的是一名手持滴血長矛的侍從，後面跟著一個美麗的年輕女子，手裡捧著一只鑲嵌了寶石的杯子或碗碟，叫做「格拉爾」（graal）。女子身後跟著手持蠟燭的人和一群身著喪服的廷臣。

珀西瓦爾是個很有禮貌的人，不好意思詢問主人這支隊伍是怎麼一回事就睡了。第二天早上醒來時，整座城堡空無一人。他繼續上路前行，但不久後，遇到了一個年輕女人，她斥責他為什麼不敢詢問關於城堡隊伍的事情。這個遭遇讓珀西瓦爾陷入了疑惑和渴望的痛苦之中，於是他開始執意尋找那座城堡，並發現了關於杯子的祕密。

另外一些中世紀法國作家也改寫了克雷蒂安的這個聖杯故事，將它改成亞利馬太的約瑟（Joseph of Arimathea）的生平：城堡中侍從所持的流血長矛，就是羅馬士兵朗基努斯（Longinus）用來戳刺釘在十字架的耶穌，而女子手裡捧著的杯子則變成了約瑟用來盛裝基督之血的聖物。這個傳說還有另一個分支，這就是基督在最後晚餐時所持的杯子。

由銀製成，內部飾有金線。無論是在異教或基督教體系中，這樣的杯子代表的都不僅是飲酒的器具，更代表著轉化。酒是由果汁或糧液變化而成的。根據基督教傳統，聖杯內裝著的酒在聖餐禮會變為基督的血。記錄這些威爾斯神話故事的基督徒作者，在寫下具有魔力的金碗在皮德瑞和里安農身上下咒的情節時，心裡想著的很可能就是金銀聖餐杯的模樣。如果是這樣的話，這個故事就是異教和基督教傳統的美妙融合：帶有魔法的動物從異世界來到人類當中，引誘他們與其一道歸去，而混入了一個「基督教」的教會金銀器皿，半隱半顯的潛臺詞傳達了基督教的偉大力量。

威爾斯 vs 愛爾蘭：兩個世界的戰爭　○

　　考古學證據一致指出，自史前時代初期起，愛爾蘭與不列顛西部之間就有很強的關聯。威爾斯神話頻繁提及與愛爾蘭的交往，而這些互動大多不甚友善。《馬比諾吉昂》四分支描述的諸事之中，最災難性的就是威爾斯與愛爾蘭之間的大戰，這次戰爭幾乎將兩個國家完全摧毀了。

　　神話的一個功能，就是用來解釋自決的社群之間結盟或衝突的原因。在中世紀初期的愛爾蘭—不列顛社會中，愛爾蘭海的作用多是連結，而非隔離兩岸的居民。然而共用一個「凱爾特之池」，顯然不僅可以成為友誼與協約的基礎，更有可能構成衝突和緊張的源頭，特別是當兩個群體對土地、漁獲或礦物資

源展開爭奪時就更是如此了。《馬比諾吉昂》第二分支的主要焦點就是北威爾斯的哈萊克國王布蘭與愛爾蘭國王馬瑟路夫之間的矛盾，肇因是馬瑟路夫訂了一門親事，女方正是布蘭的妹妹布朗溫。故事一開始似乎就刻意營造了緊張的氣氛：儘管愛爾蘭國王前去威爾斯的目的是向布朗溫求婚，但他的 13 艘船隻出現在威爾斯北部海岸時，哈萊克宮廷卻似乎一無所知。事實上，當他們第一眼看到愛爾蘭船隊時，布蘭和手下都以為是敵人入侵了，於是趕緊集結軍隊保衛家園。

馬瑟路夫請布蘭放心，他此行是來和平議談親事。布蘭同意把布朗溫嫁給馬瑟路夫，於是威爾斯人和愛爾蘭人一起乘船前往安格爾西（Anglesey）島上的阿伯弗勞（Aberffraw），那裡是格溫內斯領主的重要領地。或許這個地方被選作儀典舉辦地，正是因為它的地理位置：它位於不列顛的邊緣，與其他地方隔絕孤立，還有崎嶇的海岸線，它與不列顛本島間由一條狹窄水域隔開，水流湍急凶險，只有平底船或小船才能渡過。兩國宮廷的廷臣在這裡會合後，盛大的慶宴就開始了。然而宴飲只能在帳篷裡進行，因為布蘭的身軀過於龐大，無法進入任何建築物。

然而沒過多久，這群歡樂宴飲的人就慘遭大禍臨頭。布蘭和布朗溫還有另一個兄弟，名叫埃弗尼辛（Efnisien），他對這門婚事感到不滿，把氣出在了馬瑟路夫的馬群身上，把愛爾蘭人的馬匹都刺傷致殘了。布蘭為了平息布朗溫未婚夫的怒火，只好將自己最珍貴的寶物，可以復生的大鍋送給馬瑟路夫作為賠償。於是婚禮仍按原計畫舉行了，布朗溫也跟丈夫一起

回到了她的新家。然而，馬瑟路夫並沒有輕易原諒或忘記這次侮辱，布朗溫婚後在愛爾蘭宮廷受盡了欺凌。布蘭聽說了自己姐妹的不幸遭遇後，就向愛爾蘭宣戰。大鍋也可以反覆無常。馬瑟路夫將布蘭的魔法大鍋用來對付布蘭本人。每天晚上，他都將當天死去的愛爾蘭將士的屍體浸入大鍋，等他們從大鍋中冒出來時，馬上就能上陣殺敵、重返戰場。但這些被復活的戰士只是行屍走肉，他們無法講話，也不會做戰鬥之外的任何事情。

最後，引發了這一場禍殃的主角埃弗尼辛的命運與大鍋合為了一體：他跳進了大鍋，自己當場死亡，但也把大鍋砸得四分五裂。布朗溫目睹發生的這一切後肝腸寸斷，自覺戰亂和屠殺全是因自己而起，於是懷著巨大的哀痛和悔恨死在霍利希德（Holyhead）的阿勞河（River Alaw）邊，那是一個讓她可以從婚後的家園望見兒時故土的地方。

經過這一戰，愛爾蘭人幾乎被趕盡殺絕，只有 5 個懷孕的婦女躲在岩洞裡活了下來。她們每個人都同時生下了男孩。這些男孩長大之後，輪流與其他人的母親生養後代，並將愛爾蘭分成 5 個部分，中世紀愛爾蘭的 5 個省份就是由此而來。這 5 個男人四處搜尋之前戰役中遺落的財物，找到大量金銀，每個人都成了富翁。或許這個故事旨在解釋愛爾蘭在中世紀時曾發現了某些青銅時代和鐵器時代遺留下來的貴金屬器物。

皮爾杜與女巫 ○

「一共有 9 個女巫，朋友，」那位貴婦對皮爾杜說道，「都和她們的
父母住在一起。她們是凱洛伊烏（Caerloyw）的女巫。即使等到破曉，
我們能成功逃離而不被殺死的機會也不會比現在大。女巫占領並摧殘
了這片土地，只有這麼一座房子留下來。」

—— 《皮爾杜》

　　年輕的英雄皮爾杜是愛弗洛格伯爵（Earl Efrog）的第 7 個兒
子，愛弗洛格是古約克（York）的古稱，傳說是由他創建了這
座中世紀的城市。他和克雷蒂安的「亞瑟王聖杯傳奇」中的珀
西瓦爾很可能是同一個人物。愛弗洛格和他其餘六子都戰死
了，只有幼子皮爾杜活了下來。在威爾斯故事中，皮爾杜的
母親為了保他不死，將他藏到了野外。一天，當皮爾杜在外面
閒逛時，遇見了亞瑟王的幾名騎士。他回家把這件事告訴了母
親，母親便讓他前去亞瑟宮廷。他在路上經歷了許多挫折，和
不少貴族一對一地單挑，終於到達了亞瑟王位於卡爾雷昂的宮
廷。

　　皮爾杜故事反覆出現的一個主題就是善與惡之間永無休止
的爭鬥。其中最能生動代表「惡」的就是凱洛伊烏——也就是
今天的格洛斯特——的九女巫。實際上，「皮爾杜」故事暗含
著的一條重要線索就是，它將不列顛幾個不同的部分相連：英
格蘭的北部、西南部和威爾斯東南部。一位貴婦警告皮爾杜要
提防九女巫：這些有害的女人們將她的城堡四周所有的土地都
變成了荒原。皮爾杜得到警告後的第二天黎明時分，就遇到了

其中一個女巫，當時她正在襲擊城堡的守夜人。這位英雄立即伸出了援手，用力擊打女巫的頭。女巫認出了他，直呼他的名字，預言自己將會被他所傷。接下來，女巫又建議他向自己學習戰爭之術。接受一個女性的軍事訓練，不禁讓人聯想到阿爾斯特英雄庫胡林拜斯卡塔赫（Scáthach）為師學習武藝的情節；斯卡塔赫的名字意思是「暗影中人」，這表明了她的超自然屬性（參見第136-137頁）。與皮爾杜故事中的女巫斯卡塔赫一樣，這個女巫也能預知未來。皮爾杜從女巫口中得到了不再繼續破壞貴婦城堡周圍土地的承諾。於是他與9個女巫一起住了三個星期，向她們學習戰術。

　　過了一段時間，這位英雄又發現了女巫的行跡，這次她們襲擊的是皮爾杜的家族，殺死了他的一個表親，還將他的一個叔

皮爾杜上前援救被凱洛伊烏女巫扼住喉嚨的守夜人。

威爾斯神話的數字九

在凱爾特神話中，數字「三」（參見 36-38 頁）及其倍數都被賦予了濃重的超自然屬性，皮爾杜故事的九女巫就是其中一例。來自異世界的女性與數字九始終緊密相連，在〈安農的戰利品〉（The Spoils of Annwfn）一篇中，亞瑟在前往安農（威爾斯的異世界）路上遇到了 9 名神聖處女，她們負責照料魔法大鍋，這是亞瑟此行想要偷取的寶物。距此一千多年以前的羅馬作家彭波尼斯・梅拉（Pomponius Mela）也提到過另外 9 名女祭司，她們住在康瓦爾最西邊的錫利群島（Scilly Isles）中的一座島上。這些女祭司任職於一間著名的神諭所，她們自己也具有預言未來、治療病人，甚至是操控海洋、風向和天氣的能力。

叔弄成殘廢。皮爾杜向亞瑟和騎士古瓦赫麥（Gwalchmai）尋求幫助，帶領一群勇士去對抗女巫。女巫們預言皮爾杜及軍隊將會摧毀她們，結果也正如她們所料。凱洛伊烏女巫的作用似乎與愛爾蘭神話中的戰場女神巴德或摩莉甘的功能完全相同：她們都是女先知，與戰爭相關，極具毀滅性，而且她們的命運與年輕英雄的經歷緊密相連，以她們之「惡」與英雄的「善」形成對照關係。

亞瑟之謎 ○

「去吧，」她說，「去亞瑟的宮廷，最優秀、最慷慨、最勇敢的人都
在那裡。在路上無論在哪裡遇到教堂，都要記得進去誦念一遍禱文。
如果你看見酒和肉，當時又的確需要吃喝，而沒人出於善意和禮節邀
請你，就可以自己拿取。如果你聽到有人呼救，就過去察看情況，特
別是女人的呼救，比世界上其他一切都應當更引起你的關注。」

———————————————————————— 《皮爾杜》

　　亞瑟是中世紀神話傳說和歷史記載中一再出現的標誌性
人物。在威爾斯神話中，他很奇特地與基督教和異教魔法都
有所關聯。與他有關的故事中經常提到上帝，但具有魔力的
動物和魔法大鍋也時常出現。亞瑟的名字與幾個不同的地點
有關，包括康瓦爾郡（Cornwall）廷塔哲（Tintagel）的凱爾
特修道院、薩默塞特郡（Somerset）的格拉斯頓伯里修道院
（Glastonbury Abbey），以及卡爾雷昂——那裡羅馬時代的圓
形競技場曾被人想像成最初的「圓桌」（Round Table）。很多
地名也聲稱自己與亞瑟有關：如「亞瑟之石」，這是赫里福德
郡（Herefordshire）的新石器時代墓葬；以及「亞瑟王座」，
愛丁堡（Edinburgh）的一個鐵器時代山頂堡壘。亞瑟故事的
主體存在於中世紀法國傳奇之中，特別是克雷蒂安在 12 世紀
晚期收集的那些故事。不過許多威爾斯神話故事也提到了亞
瑟，包括〈庫爾威奇與奧爾溫〉和〈皮爾杜〉。在這些故事中，
亞瑟總以超群絕倫的英雄形象出場，他武藝高強，身邊簇擁著
一群英勇的騎士。

亞瑟與羅納布伊之夢

威爾斯神話故事〈羅納布伊之夢〉的文本成書於 13 世紀。
它是關於皮爾斯王國及其君主馬多克（Madawg）的故事。
馬多克有個兄弟叫做約沃思（Iorwoerth），他是個製造麻煩
的傢伙，妄圖在鄉間煽動叛亂，推翻國家的合法君主。馬多
克呼籲追隨者幫他找到約沃思的蹤跡，其中一名就是羅納布
伊（Rhonabwy）。就像故事標題告訴我們的那樣，這個故
事是圍繞著他的夢展開，當他在戰場上躺在一張公牛皮上睡
著時，做了一個夢，在夢中看到一組複雜的異象。

亞瑟在這個夢中是一位傑出人物，別人提及他時稱他為「不
列顛的皇帝」，而他的死對頭艾達格（Iddawg）則被稱為「不
列顛的災星」，他們之間的敵對關係導致了西元 540 年左右
的「劍欄之戰」（Battle of Camlann）──這場戰爭歷史上確
有其事，發生於信仰基督教的不列顛人與信仰異教的撒克遜
人（Saxons）之間，《復活節記事》（*Easter Annals*）對其有
記載。〈羅納布伊之夢〉有許多超自然的特徵，其中之一就
是當歐文（Owein）與亞瑟玩一種棋類遊戲（gwyddbwyll）時，
召喚出來與亞瑟手下作戰的魔法烏鴉大軍。烏鴉戰士占了上
風，但兩人最後握手言和。棋賽快結束時，羅納布伊也從夢
中醒來，他足足睡了三天三夜。

在較早的歷史記載，例如威爾斯修士內尼厄斯（Nennius）
寫於 9 世紀的《不列顛的歷史》（*Historia Brittonum*），亞瑟
是帶領不列顛人民抵禦外族侵略的領袖，這些外族來自北方、

西方或東方。作為歷史人物的亞瑟，最突出的功績就是 6 世紀初在巴斯附近的巴頓山（Mount Badon）擊敗英國人。亞瑟他既不是國王，也不是王朝的開創者，而是一位戰爭統帥，統領一些獨立王國；這些小型的獨立王國是在 5 世紀初期不列顛脫離羅馬帝國統治之後所建立的。圍繞著亞瑟的一系列傳說比他本人重要得多。歷史上確有其人的亞瑟，啟發了一大群故事，內容是中世紀騎士文化、英雄主義和精湛的武藝，這些故事不僅在威爾斯，也在整個不列顛以及更遠的地方廣為流傳。

位於卡爾雷昂的羅馬圓形競技場復原圖，模擬它在 1 世紀末、2 世紀初時的樣子。

5

贏家份額：
神話中的英雄

當許多人一起吃飯時，他們會坐成一圈，把最有影響力的人圍在中間……無論他是在戰鬥的技巧、出身的高貴，還是在財富方面勝過他人……當牲畜的後腿肉端上來時，最勇猛的英雄將得到後腿上最好的那塊肉，如果另一個人也聲稱自己該得到那塊肉，他們兩個就站起來單挑，直到其中一方被殺死為止。

——《阿特納奧斯》（*Athenaeus*）第 4 卷

₃ 世紀的希臘作家阿特納奧斯曾記錄過一系列高盧人遵循的習俗，其中很重要的一部分就是舉辦宴會，以及選擇在這些筵席上榮耀他們最偉大的戰士。這些筵席的重點在於肉食，根據年代更早的作家狄奧多羅斯的說法，他們一般先把肉放在大鍋裡煮熟，然後串在烤肉叉上燒烤。酒是裝在一個公用容器中，在人與人之間傳遞，但最受崇敬的英雄總是被授予最好的那塊肉。人們吃肉的方式是將一大塊肉用雙手抓住，然後大口大口地咬。

　　這些古典時代作家的記載中有兩個凱爾特神話的重要元素：聚眾宴飲，和「贏家份額」（champion's portion）。這兩個主

題在愛爾蘭和威爾斯神話文學中都扮演著重要的角色，大口吃肉（尤其是豬肉）、大口喝酒，與威爾斯和愛爾蘭的異世界有關。更重要的是，愛爾蘭國王的選任和支持度取決於他對人民的慷慨和對貴族的恩典。一位名叫布雷斯的國王敗得很慘：據說他的吝嗇是造成農作物歉收的直接原因，這指出愛爾蘭的主權女神已背棄了他，從他手中收回了主權。

歐洲鐵器時代的權力飲酒 ○

　　與任何其他精神藥物一樣，酒精攝取過量也會扭曲心智，導致「靈魂出體」的體驗。在史前歐洲較晚時期，飲酒似乎特別與葬禮和典禮有關，這或許是因為飲酒是接觸靈性世界的一種手段。在整個不列顛和歐洲的鐵器時代，有一個長期存在的習慣，就是將食器和酒具與精英階級的亡者一起下葬，這樣做不僅是為了給亡者使用，也是為了舉辦酒會──類似古希臘的全男性飲酒俱樂部「會飲」（symposia）。在德國的霍赫多夫（Hochdorf）發現了一座酋長墳墓，酋長死於西元前 550 年左右，墓中的一張臥榻上躺著屍體，還有可供 9 人使用的餐具，一個裝有 300 公升蜂蜜酒的希臘大鍋。墳墓的牆壁上掛著 9 個用來飲酒的角杯，而酋長自己的角杯則放在他頭部的上方，裡面裝著 5.5 公升的烈酒。

　　在英格蘭東南部和高盧北部，統治階級的火化墓葬中也經常表現出對宴飲的關注。在那裡，他們著重強調的元素是地中海

葡萄酒、雙耳瓶（一種盛酒的陶器），連同酒杯、濾酒器、橄欖油罐和裝有當地自釀酒（如麥酒或發酵漿果汁）的圓桶放在墳墓裡。埋葬這些器物的目的是強調大量飲酒的重要性，很可能這種葬禮的核心是與神靈溝通，從而簡化亡者需要經歷的通行儀式，使靈魂能不受阻礙地進入異世界。

人們在初期愛爾蘭也發現了鐵器時代有大規模盛宴的證據。許多有著精緻鳥頭狀手柄、精雕細琢的飲水杯——例如在利特林郡（Co. Leitrim）的克什凱瑞甘（Keshcarrigan）發現的精緻飲水杯——可能來自鐵器時代或基督教早期，而且顯然是使用於更重要的場合，而非日常家用。在安特里姆郡的卡里克弗格斯（Carrickfergus）發現的單柄大酒杯與威爾斯鐵器時代晚期的同類容器一樣，是專為筵席上傳遞共用酒水而設計的，正如狄奧多羅斯所描述的那樣。也許類似的酒器在公共宗教活動中也會使用，然後可能因為它們被賦予了過多的神聖性或靈性力量而不能繼續傳下去，所以被慎重地埋在濕地之中（水被認為是人類與靈性世界之間的通道）。但是，就宴飲的重要性而言，還有什麼比 12 世紀青銅製造的愛爾蘭酒角「卡瓦納憲章角」（Kavanagh Charter Horn）更具有說服力呢？它在 300 年後，還是賦予統治萊因斯特（Leinster）王國正當性的物品。

異世界盛宴 ○

為了準備這次盛宴，麥克達的豬被宰了。這頭豬被 60 頭奶牛餵養了 7

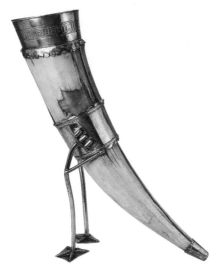

約 12 世紀的「卡瓦納憲章角」，曾用於愛爾蘭萊因斯特的卡瓦納國王登基典禮上。

年，動用了 40 頭公牛才把豬拉到筵席的地點。

──────────────────────────── 《劫掠庫林之牛》

　　愛爾蘭和威爾斯的神話經常提到一個「快樂的異世界」，在那裡有著無盡的盛宴和狩獵。在愛爾蘭，這些異世界盛宴的中心有可以源源不絕產生食物的大鍋，還有不斷長出肉來的豬。每位神靈都有自己的旅店或仙丘，每間旅店都是以宴飲為中心。愛爾蘭故事〈德爾加旅店〉，描繪了一幅令人不寒而慄的「烤豬」畫面，每天都是同一頭豬被屠宰和吃掉，繼而又重生，再次被宰來吃；這裡，描寫盛宴的主人肩上扛著一頭豬，豬已經烤熟了，但不停發出尖叫。他在阿爾斯特國王康奈爾面前出

現，是只有一隻眼睛、一隻手和一隻腳的怪物，脛骨厚如車軛，臀部像巨型乳酪一樣大，所有這些身體上的畸形都表明他來自異世界。

阿爾斯特故事群有一則故事叫做〈麥克達的豬〉，特別與豬肉的「贏家份額」有關，用來聚焦展現阿爾斯特和康納赫特之間強烈的仇恨。麥克達（Mac Da Thó）是萊因斯特的國王，擁有一條兩國人民都很覬覦的巨大獵犬。國王同時答應把這條狗送給阿爾斯特以及康納赫特。當兩國人都前來認領這隻動物時，國王邀請他們去大廳一起參加筵席，大廳中心放著一頭巨大的烤豬。阿爾斯特和康納赫特的戰士為了贏家份額應該歸誰而吵起來，麥克達放開拴著他獵犬的繩索，想看看牠支持哪一方：狗選擇了阿爾斯特一方，於是康納赫特人失敗了。有鑑於這個故事是阿爾斯特故事群的一部分，這樣的結果也不讓人驚訝。

在威爾斯傳說的異世界中，也有宴飲的一席之地。其中最生動的描述出現在《馬比諾吉昂》第一分支，當時德韋達的英雄領主普伊爾與異世界的國王亞倫文在一年又一天內交換了身分。當普伊爾到達異世界時，發現這是他所見過最壯觀的宮廷，有宏偉的大廳、伺候他的僕從，亞倫文的王后身穿華麗的金色錦緞，還有珠光寶氣的騎士、淑女，華麗的桌子上擺滿食物和酒，這等奢華他前所未見。這一年的時間，普伊爾完全是在狩獵、宴飲、歌唱和交談中度過。

被施魔法的豬

《聖經・新約》中「格拉森群豬」（Gadarene swine）的故事是關於魔鬼附體的傳說。耶穌從一個病人身上驅趕出了一「群」魔鬼，將這些邪靈趕進一群豬裡，豬就橫衝直撞，從懸崖摔下去死掉了。正如我們將在第六章探討的，被施了魔法的豬是凱爾特神話常見的主題，很可能因為豬肉具有象徵意義，只有位居高位的人才配享用豬肉，也因為野豬被他們視為最勇敢的動物。

愛爾蘭神話故事對豬肉的強調，與豬肉在不列顛和歐洲鐵器時代的考古紀錄相符，在當時豬肉是高級的肉類。人們經常發現有整條豬腿與亡者一起下葬，而這些墳墓的財富表明亡者的地位很高。有一組獨特的墓葬叫做「戰車埋葬」，出現在鐵器時代的中晚期，多見於東約克郡和法國東部的馬恩（Marne）地區。這些墳墓的特點是：一個男人或女人的屍體和一輛輕便的雙輪車埋在一起，可能是整輛車，也可能是拆散的零件，墓中還有一些金屬材質的陪葬品，包括武器或個人物品，以及一些豬肉的殘骸。

鐵器時代的人們認為野豬是英勇的動物，因而崇敬地，這表現在當時的戰士會用野豬當作徽章，繪製在頭盔和盾牌上。西元前 1 世紀時，

鐵器時代晚期的石像，男人頭上戴著項圈，軀幹與一頭野豬交纏在一起。

有人在林肯郡（Lincolnshire）的威瑟姆河（River Witham）以一塊盾牌為供品，可能是向勝利之神獻祭，盾上飾有一頭野豬的奇異形象。人們還曾將一種叫做卡尼克（carnyce）的戰爭號角帶入戰場，這種號角的開口做成了野豬頭顱的形狀，製造了極可怕和混亂的喧囂；古典時代的作家說這種心理戰幾乎和武器一樣奏效。

凱爾特英雄 ○

　　英雄是神話的中心，因為他們是超人、半神，是物質世界和靈性世界之間的橋梁。這種混種、瑰異、「跨界」的角色，既無比強大、又極其脆弱，因為他們不屬於任何陣營，眾神也無法抗拒干預他們的衝動，常常利用他們來挑起戰爭，以謀求自身的神性優勢。我們可以在古希臘羅馬神話看見很多偉大的人物，諸如阿基里斯、海克力斯和阿伊尼斯（Aeneas）的命運無不如此。

　　在凱爾特神話中，英雄——幾乎都是男性——是陽剛之美的典範，或是柏拉圖式的理想。他們有些是巨人，例如威爾斯的布蘭；還有一些人是天賦異稟的戰士，甚至在異常早熟的童年時期就展現出來其能力，其中最著名的就是阿爾斯特英雄庫胡林。

英雄與單打獨鬥

他身著胸鎧和紅色披風
巍然屹立於戰場上。
在那不祥的戰車之上；
形狀扭曲的男人正大殺四方⋯⋯
他將摧毀整個軍隊，
所到之處盡是血光。
你們會數以千計地死去。
我是菲迭姆。我從不隱藏實情。

—————————————————————— 《劫掠庫林之牛》

　　上述引文是女先知菲迭姆（Fedelma）在警告梅芙，阿爾斯特的英雄庫胡林有著驚人的個人戰力（見下文）。《劫掠庫林之牛》是阿爾斯特散文體神話故事的核心文本，敘述了阿爾斯特（其國王是康勃爾）和康納赫特（由梅芙女王統治）兩個大國之間的戰爭傳奇。兩國之間的長期衝突在兩大公牛——阿爾斯特的棕牛與康納赫特的「白角」公牛芬本納赫——之間的競爭中爆發了。雖然梅芙的公牛以勇氣和耐力著稱，但她覬覦棕牛，試圖「借用」牠。阿爾斯特人拒絕了她，於是女王就集結大軍入侵阿爾斯特，偷走了棕牛，大戰由此開始。阿爾斯特人處於劣勢，因為梅芙下了一個詛咒，使他們的戰士都像剛剛分娩完的婦女一樣虛弱。唯一倖免的人是庫胡林，因為他是位超凡絕倫的英雄，他在其神聖化身女戰神巴德的幫助下，單槍匹馬抵禦了康納赫特軍隊的攻勢。這兩頭公牛也互相爭鬥：阿

爾斯特的棕牛殺死了梅芙的白角公牛，但隨後也因精疲力竭而死。

　　單打獨鬥和個人英雄是神話的常見元素：阿基里斯和赫克特（Hector）在特洛伊城外的較量，或是大衛（David）和非利士（Philistine）巨人歌利亞（Goliath）在《聖經‧舊約》中的戰鬥都是例子。在描述西元前 1 世紀鐵器時代高盧人之間的戰鬥時，古典作家只提到過這種形式的軍事前戲：兩軍擺開陣勢，兩方各推出一位英雄，一對一地對戰。有時他們的交鋒僅止於耀武揚威地叫陣、炫示精良的盔甲、揮舞刀劍、用言辭互相威脅。但如果兩人真的上場交戰了，結果往往就直接決定了戰役的勝敗，而無須大規模的流血衝突。因此，作為戰場贏家的英雄對他所在的社群極為重要，他不僅決定了該社群的地位，而且能保護其寶貴的人力資源，不至在戰事中折損過多。

庫胡林：庫蘭之犬　○

「在新的獵犬長大之前，我自己會做你的獵犬，保護你和你的畜群。我還會保護整個牧瑟夫尼平原（Murtheimne Plain），誰都不能躲過我的注意，偷走牲畜。」

「那麼從今往後你就叫做庫胡林，『庫蘭之犬』。」卡思巴德宣布說。

──────────────────《劫掠庫林之牛》

　　阿爾斯特最偉大的英雄庫胡林，被描寫成一位具有超自然神

力和非凡地位的人物。他父親的身分並不確定，但他可能是光明與工藝之神魯訶的兒子。作為一個凡人中的巨人，他在童年就做出了一系列驚天動地的壯舉，比如 5 歲時就單槍匹馬打敗了康勃爾手下少年團中的 50 名少年。當他還是個孩童的時候，就要求得到武器，成為一個完全成熟的戰士；人們先後拿了 15 副武器給他，然而這些武器他幾下就折斷了，或用臂力震得粉碎。最後他終於接受了屬於國王本人的武器，就連這些武器也需要事先加固才能承受新主人的神力。庫胡林的極度早熟也表現在他的外表上。他不僅有令人目眩的美貌，而且還具有異於常人的身體特徵：三色的頭髮，每隻眼睛有 7 個瞳孔，每隻手上有 7 個手指，每隻腳上有 7 個腳趾。

「庫」（Cú）一詞是愛爾蘭語中「狗」的意思，它經常被用作一種榮譽稱號，授予特別勇猛和精熟的戰士。庫胡林的本名叫塞坦達（Sétanta），但他以一種奇異的方式獲得了「庫」這個綽號。在他還是一個少年的時候，殺死了鐵匠庫蘭（Culann）的獵犬，他為了懺悔自己的過失，自願承諾代替獵犬的位置，守護鐵匠的家產，甚至自己也改名為「庫蘭之犬」（Hound of Culann）。

這個關聯後來成了英雄隕落的禍根。因為他立下這條誓言，身上就自動有了一條禁令：他永遠不能吃狗肉。打破禁令通常會招致個人災難，事實上，在英雄的生命接近尾聲時，他是被迫打破這項禁令的，因為只有這樣才能避免破壞另一條拒絕款待的禁忌。一次，當他在外地做客時，主人端上了狗肉，這就讓他面臨一種進退兩難的雙重束縛。他最後吃了面前的狗肉，

羅馬─不列顛的神聖獵犬王

威爾特郡的內特爾頓灌木叢（Nettleton Shrub）有座神廟拜的神叫做阿波羅·庫諾馬盧斯（Apollo Cunomaglus），「獵犬之王」。倫敦的南華克（Southwark）發現了一塊石板，上面刻著一位不知名的獵神，左右各立著一條大獵犬。這只是羅馬─不列顛眾多與狩獵有關的地方神中的兩例而已。狗似乎是他們崇拜的中心，而這反映出來的狗和神之間的密切關係，可能在某種程度上構成了庫胡林神話的原型。

在許多不同的狩獵傳統中，獵人都是一個特別的角色，他需要與其他人區隔開來，在狩獵前保持自己的純潔和禁欲。獵

倫敦南華克發現的羅馬─不列顛獵神雕塑。

人和獵物之間的關係也很複雜。獵人必須對獵物表示出敬意，否則這些獸群就不會再次回來供他再度狩獵了。因此，狩獵概括了參與者之間錯綜複雜、彼此明顯矛盾的關係。在某種意義上，獵犬可以看作一個媒介，正如威爾斯神話中成群的狗靈能促成物質世界和靈性世界之間的轉換一樣。庫胡林是一個半人半神的英雄，因而可以在宇宙的不同層面之間擔當仲介者。

於是命運就在那一刻注定了：不久後他就在戰場上陣亡。

庫胡林與動物的親近關係，也顯示了他的超自然英雄屬性。除了狗，他還與馬有著重要關聯。有兩頭小馬駒與我們的英雄在同一時刻誕生，一起長大，後來牠們成了為他拉戰車的兩匹馬，分別叫做「瑪卡灰馬」（Grey of Macha）和「聖格利烏黑馬」（Black of Saingliu）。兩匹馬的命運與英雄本人的命運緊密地交織在一起：在庫胡林最後一場致命之戰前，灰馬流下了帶血的淚水。

斯卡塔赫的訓導

年輕的庫胡林被一位名叫斯卡塔赫的女人傳授武術，斯卡塔赫的意思是「暗影中人」。她不僅是一個令人生畏的戰鬥教練，也是一位先知，可以用占卜預知未來之事。她的訓練極為高明，將庫胡林變成了一臺無人能敵的戰鬥機器。斯卡塔赫住在「阿爾芭（Alba）之地」——具體位置不詳，我們只知道這個地方位於阿爾斯特以東的某處，可能在蘇格蘭。當年輕英雄造訪那裡時，斯卡塔赫的學生們把他引到一座小島，這座小島以一座橋與陸地相連，沒有受過武術訓練的人都無法從橋上走過。庫胡林三次試圖過橋，然而每次橋的遠端都會翹起，將他四腳朝天摔在地上。最後，庫胡林陷入了狂暴狀態，飛一般地跑過了橋，讓橋來不及掀翻他。

斯卡塔赫的漂亮女兒瓦薩赫（Uathach）在大門外遇見了這位阿爾斯特英雄。她告訴他，如果他的確想要學習如何立下英

雄功績，就必須跳進一棵巨大的紫杉樹，她的母親就在裡面休息；然後把劍放在她母親的雙乳之間，逼迫她承諾三件事：徹底的訓練、將女兒嫁給他，以及預言他的未來。於是他照辦了，讓斯卡塔赫收了他做學生。

狂暴英雄

庫胡林被一陣狂暴發作攫住，變得面目全非，形狀可怖，是人們所未見的。他的小腿和關節各處，從頭到腳每個指節、肢體和器官像洪水中的樹木，或是溪流裡的蘆葦般抖個不停。他的身體在皮膚之下狂怒地抽搐，雙腳、脛骨和膝蓋轉到了背後，腳跟和小腿卻轉到了前面。

——————————————————————《劫掠庫林之牛》

　　雖然愛爾蘭神話故事充滿了英雄，但庫胡林是其中唯一一個經常「狂性大發」（warp-spasm，直譯「扭曲痙攣」）的人，這是一種瘋狂的戰力超載狀態，使他能殺死大量的敵軍士兵。但處在發狂狀態下的英雄，敵我不分。關於此事有一個迷人的故事：有一次，阿爾斯特人被庫胡林瘋狂的殺戮嚇壞了，於是他們派了一群裸體女人去找他，希望他看到她們時會尷尬得平靜下來。當她們也失敗了之後，人們發現顯然需要更激烈的手段才能使英雄從戰爭瘋狂中走出來。阿爾斯特人決定把他拋進盛著冰水的大鍋裡，不過要用三桶冰水才能奏效：第一鍋水一碰到他的身體就全部汽化；第二鍋水也被他煮沸了；直到第三鍋水才能將他冷卻到足以結束狂暴的狀態。

庫胡林的魔法武器

庫胡林這位阿爾斯特勇士身為超自然的英雄，擁有特殊的武器和盔甲來幫助他戰勝敵人。其中最令人畏懼的是「蓋爾布爾加矛」（Gae Bulga），這根矛有著鋒利的倒鉤，所有被其傷到的人都會隨即喪命。海神曼納南還給了他一個面罩用來保護他的臉，而庫胡林戰車的駕駛者可以用一條隱形斗篷將整個戰車連人帶馬罩在下面，讓別人無法看見。

在倫敦泰晤士河（Thames）中發現的鐵器時代鑲金矛尖。

狂性大發會對他的身體造成可怕的影響：英雄的軀體變得扭曲，在皮膚之下翻轉；頭髮根根直立，頭上現出模糊的光暈；肌肉膨脹，好像要從他的身體爆裂而出一般；一隻眼睛從臉上凸出來，而另一隻則深深地陷入頭骨；嘴唇劇烈地向後收縮，以至於喉嚨清晰可見；他雷鳴一般的戰吼召喚來了許多神靈，與他一起呼號嘯鳴，嚇得敵人魂飛魄散。

眾神的觸摸：庫胡林與超自然力量

人們給了他一輛戰車。然而他雙手一握住兩條轅之間的地方，車架就

隨之斷裂。就這樣，他連續報廢了 12 輛戰車。最後人們只好把康勃爾國王本人的戰車送給了這個男孩。

———————————————————————— 《劫掠庫林之牛》

　　一系列其他故事也強化了庫胡林的超自然身分，特別是有關他英雄功績的預言，以及他與神靈的緊密關係。在這位阿爾斯特英雄的童年時代，當他要求獲得武器時，德魯伊卡思巴德就預言道，在那天第一次拿起武器的人，將有短暫但充滿榮耀的一生。當康納赫特和阿爾斯特之間的戰爭一觸即發時，女先知菲迭姆又正確地向梅芙女王預言，她的王國將被一名金髮男子打敗，他的頭上籠罩著英雄的光暈，咆哮時雙唇會向後拉開，有許多瞳孔，他會讓康納赫特消失在一片血海之中。

　　庫胡林一生中遇到了很多男女諸神，有的幫助他，有的則為他帶來磨難。當庫胡林罹患一種逐漸消瘦虛弱的病症時，是他的父親魯訶治癒了他；但對這位英雄影響最大的神莫過於女戰神摩莉甘和巴德，她們現身的時候經常是三位一組，可以隨意改變外形，在戰場上以食腐烏鴉的形態出現，啄食陣亡者的血肉。庫胡林和這些可怖的女神之間最驚人的一次相遇，就是在阿爾斯特和康納赫特因公牛而起的那場衝突之中。

　　一位年輕的貴婦走近英雄，聲稱她愛慕他，仰慕他的偉大事蹟，並為他帶來了財寶和牲畜作為贈禮。庫胡林粗暴地回答道，他現在沒心思考慮性欲；因為他心中有更重要的事情。他的粗魯激怒了女孩，於是她揭示了自己的真實身分，她正是摩莉甘。她威脅要在河流的淺灘處攻擊他，她會先變成鰻魚，然

後變成灰狼，最後變成一頭沒有角的紅色小母牛。庫胡林也針鋒相對地回以威脅，使她暫時離開了他。

「淺灘浣衣者」的出現預言了英雄最終的死亡，這也是摩莉甘的一個化身，在河邊為即將被殺的人清洗盔甲。當他登上戰車時，所有的武器都落在腳下，彷彿有意拋棄他（或者為他哀悼）。庫胡林在戰場上受了致命傷，以一種只有英雄才配享有的死法，他被一位神打造的武器殺死，這支長矛是由鐵匠之神伏爾坎（Vulcan）鍛造的。庫胡林知道自己快要死了，就把自己綁到一根柱子上，這樣他就可以面向敵人，以一種直立的姿

垂死的庫胡林將自己綁在樹上以保持直立的姿態，巴德化身的烏鴉棲息在他的肩膀上。這是奧利弗‧謝坡德（Oliver Shepherd）1916 年為都柏林（Dublin）郵政總局所製作的真人尺寸青銅像。

態死去。籠罩在他頭上的英雄光芒也黯淡下來，隨著生命從他身體裡漸漸流失，又名巴德的摩莉甘就化身為烏鴉，落到他的肩膀上，以向他的敵人示意他已經死去，可以安全地靠近了。

皮德瑞與威爾斯的英雄傳統　○

這個男孩一歲之前是在宮廷中被撫養長大的。他還沒滿一歲前，就能矯健地行走了，比一個身材高大、發育良好的三歲男孩還要強壯。他到了兩歲時，就像其他六歲的孩子一樣強壯。而他到了快四歲的時候，就去纏著看管馬廄的少年，想讓他允許自己獨自一人去餵馬喝水。

———————————————— 《馬比諾吉昂》第一分支

　　要想成為凱爾特英雄，你需要在童年時代就優於常人，就像庫胡林那樣。阿爾伯思領主普伊爾與妻子里安農生下的兒子皮德瑞，顯然也滿符合條件。里安農自身就不是凡人，她是馬之女神。我們已經提過（參見第 102-103 頁）他們的兒子是怎樣離奇失蹤，而他的母親又是怎樣被懲罰的故事。但是，那個在里安農睡覺時從她身邊被偷走的孩子後來又怎麼樣了呢？

　　故事發生的地點暫時從阿爾伯思移轉到了昆特—伊斯科伊（Gwent-Iscoed）的領主泰爾農・特勞夫・利安特（Teyrnon Twryf Liant）的宮廷之中。他的家庭多年來一直被一件怪事所擾：每年的五朔節前夜，領主最心愛的母馬總是會生下一匹極好的小馬駒，然而小馬駒一出生就消失得無影無蹤。就在里安

隱蔽的薩滿

以庫胡林作為主角的那些故事中,有一些隱晦的線索指向中世紀之前的起源,貫穿的意象暗示著薩滿的傳統。這位阿爾斯特勇士處於「狂性大發」的模式時,會經歷一個薩滿式的靈魂出體狀態。他與狗、馬的密切關聯也暗示著這些動物是薩滿專屬的「靈性幫手」,能幫助薩滿連結凡俗與靈性之間的力量。

摩莉甘是位變形者,而變形也是薩滿的經典屬性。《劫掠庫林之牛》中的摩莉甘在淺灘上的形體變化能力,也讓我們想到薩滿元素。在許多薩滿傳統中,薩滿都會選在較淺的水域舉行儀式,因為淺水是凡俗和靈性世界之間界線最薄弱的一層膜。

法國奈維—昂—蘇利亞斯發現的青銅馬雕像。

農和普伊爾的幼子失蹤的同一天晚上，泰爾農決定徹夜不眠地守在馬廄裡，試圖揭開這起神祕事件的真相。

他的母馬剛剛誕下小馬駒，一隻巨大的爪子就在窗邊出現，抓起小馬，將牠從窗縫拖走。泰爾農立即出擊砍斷了爪子，將小馬駒奪了回來。就在這時，他聽到了一聲像是來自異世界的駭人尖叫，外面隨即傳來一陣騷動的聲音。他衝出去想查看發生了什麼事，但在黑暗中什麼也沒看見。泰爾農回到馬廄後，卻發現有個漂亮的男孩躺在門檻上，身上包裹著一條錦緞披肩，顯示著他高貴的出身。

泰爾農和他的妻子決定留下這個孩子，把他當作自己的孩子撫養長大。他們為男孩取名叫古里（Gwri），意思是「金髮」，因為他有著耀眼的金色頭髮。他們很快就注意到這個小男孩的成長速度遠遠超過同齡孩子；只有一歲的時候就比其他三歲孩子還要高大。現在神話編織者開始巧妙地收束圍繞在這個故事周圍的象徵之環。觀眾很可能已經猜到這個孩子不是別人，正是里安農和普伊爾失蹤的兒子，但在揭示孩子的真實身分之

鐵器時代的金幣，由布列塔尼的雷東尼人（Redones of Brittany）鑄造，幣面上描繪的是一位赤裸的女騎手揮舞著盾牌和長槍。

前，說書人還是為這個結局做了足夠的鋪陳。

古里長到四歲時，泰爾農的妻子建議對小公馬加以訓練，將牠送給他們的孩子。這個情節非常漂亮地預告了男孩與馬的親密關係，呼應了他的母親里安農與馬之間的連結。當普伊爾兒子失蹤的消息傳到昆特—伊斯科伊時，神話傳說之環終於連上了；泰爾農意識到他們養子的容貌酷似普伊爾，便將他送還至阿爾伯思，普伊爾全宮廷上下都為王子的失而復得感到無比喜悅。里安農被免除了苦役，於是她把這個男孩改名為皮德瑞，意思是「憂慮」或「擔心」。

就像庫胡林的故事一樣，關於皮德瑞的敘事中也融入了許多超自然英雄的基本元素。儘管里安農被指控犯下殺嬰和吃人

女神愛珀娜以慣常的姿勢騎在馬背上，手裡拿著果子。這位駿馬女神很可能是里安農神話的源頭。

的雙重罪行，但她卻免除了被處死的命運。嬰兒以一種無法解釋的方式消失了，又在一個遙遠地方的門檻上被發現，而門檻在傳統上象徵著凡俗和靈性世界得以相連的重要位置。除此之外，皮德瑞還與馬有著親密的關係，特別是與和他同時出生，被某種魔法力量交換了的那匹公馬的關係尤為密切。當然，標示著皮德瑞英雄身分的終極特徵是他的早熟，與他在阿爾斯特的對應人物庫胡林一樣，他後來也成為最俊美、最富成就的人。

6

施魔的動物和
瑰異的生物

「昆納布伊之鷹（Eagle of Gwernabwy）啊，我們是亞瑟派來的使者，想問你是否知道關於茉多隆（Modron）之子馬彭的消息，他出生才三天，就從母親的懷裡被奪走了。」

那鷹說道：「很久以前我就來到了這裡，而我初到這裡時找到了一塊巨石，每天夜裡都可以站在巨石頂上啄食星星。」

—— 〈庫爾威奇與奧爾溫〉

　　凱爾特神話的基石，建立在「神靈潛伏在人們周圍每一個角落」的這份感知。人類與他們所察知到的靈性世界之間的關係可能頗為緊張，充滿著風險和不穩定的因素。凡俗領域與靈性領域之間的邊界可能會改變、變得薄弱，從而相互滲透和侵蝕。變形生物和魔法動物之所以持續存在，根本原因似乎是因為人們居住的物質世界在本質上是不穩定的，就像大陸板塊的移動會造成地震帶的持續存在一樣。神力介入人類的生活在凱爾特神話占據著重要的位置。

　　雖然這一點從來沒有在故事中得到闡明，但神話中有種種線索指向其中許多人物具有薩滿的身分：他們有能力在不同世

界之間穿梭，而當他們穿梭時常常會變成動物的形態。事物的「正常」模式可以被推翻：動物和人類可以交換身體形態；神可以以其他人類、野獸或怪物之姿出現在人們面前；女神會在年輕女子、成熟婦女和老婦人等各種形態之間轉換。

　　觸犯了道德或法律的人可能會被貶為動物；不過相反地，獸類有時也會被賦予人類的技能，例如說話，有些甚至還擁有預言的能力。有些動物（特別是某些狗、馬和牛）顯然來自異世界。這些動物的起源也在其外表留下線索：牠們經常全身呈現耀眼的白色或紅色，或有白色的身體、紅色的耳朵。中世紀的說書人會用類似的動物顏色作故事設定，向觀眾傳達魔法和法術的概念，而故事的聽眾也必然熟悉這些被編碼的資訊及含義。

馬斯的詛咒 ○

於是馬斯拿出魔杖，對著吉爾韋綏施了咒語，將他變成了一頭體壯的母鹿，隨即又迅速抓住格溫蒂昂——他本來想逃走，但又哪裡逃得掉——用同一根魔杖把他變成一頭公鹿。
「既然你們兄弟倆向來狼狽為奸，那我就把你們配成一對好了。」

———————————————————《馬比諾吉昂》第四分支

　　在愛爾蘭神話中，人與動物之間的形態轉換往往是出於自願的。例如，戰爭之神摩莉甘與巴德可以隨心所欲地從女人變成

食腐烏鴉，然後再變回來。然而，在威爾斯的神話傳統中，變形經常是不當行為的懲罰。對於格溫內斯國王馬斯的外甥們來說正是如此。當格溫蒂昂和吉爾韋綏合謀奪取馬斯「持足者」葛伊溫的童貞時（參見第 105-107 頁），他們的行為危及了馬斯力量的根本。因此，馬斯對兩兄弟實施了迅速而可怕的報復也就不足為奇了，他剝奪了他們的人性，甚至剝奪了他們的性別。

之後三年，馬斯每年都將他們變成一對不同的野獸。第一年，吉爾韋綏變成了一頭母鹿，他的哥哥格溫蒂昂則變成一頭公鹿；到了年底，他們帶著這一年裡生下的小鹿回到了馬斯的宮廷。第二年，他們被交換了性別：格溫蒂昂變成了一頭母野豬，而吉爾韋綏變成了一頭公野豬，到了年底，他們又帶著他們生下的小豬出現在宮廷上。第三年，這對觸怒國王的兄弟又變成了一對狼，並生下了一隻小狼。

到了第三年的年底，馬斯解除了咒語，雖然兩兄弟生下的後代也變回了人形，但他們每一個都仍然保留了變回動物形態的能力。孩子們在宮廷中受了洗，並以他們各自的動物形態（公鹿、豬、狼）而取名為：海德文（Hyddwn）、海希文（Hychdwn）和布雷頓（Bleiddwn）。他們具有魔法力量的本性也透過早熟展現出來。就像英雄庫胡林和皮德瑞一樣，他們成長的速度遠遠超越了他們的實際年齡，這是他們曾經被魔法師馬斯的神聖之手觸碰過的標誌。

智慧鮭魚 ○

庫胡林三次嘗試過橋，但無論他怎麼努力都無濟於事，旁邊的人又譏笑他的笨拙。於是他狂性大發，踏上橋頭，並使出了他的招牌鮭魚跳躍，一躍而至橋的正中心。

—— 《劫掠庫林之牛》

　　論起威爾斯和愛爾蘭神話傳統之間的關聯，其中最顯著的莫過於兩者都有魔法鮭魚的傳說，這條鮭魚在知識、智慧和預言能力等方面都是任何凡人遠不能及的。為什麼偏偏是鮭魚得以被織進這條關於人類、野獸及神靈所構成的豐富織錦，現在還不清楚。然而，很有可能的一種猜測是，考慮到鮭魚複雜的生命史，牠在淡水和鹹水中耗費極大體力的長途洄游，牠從不出錯地返回出生地繁衍後代的本能，以及牠逆瀑布而上的能力，這些因素加在一起，共同為鮭魚在人類想像中賦予了那些超自然和超智慧的特性。

　　智慧鮭魚的神話是芬恩故事群的一部分，該故事群是以其主角芬恩取名。故事中充斥著薩滿的元素：年輕的男孩芬恩是透過住在博因河畔的吟遊詩人芬尼加（Finnegas）——請注意他們兩人的名字系出同源——為媒介獲得了天賦，博因河是一片被施了魔法的水域，是波安女神的化身，也是通往靈性世界的門戶。在芬恩見到芬尼加的時候，後者正在池塘邊垂釣著名的智慧鮭魚，他試圖捕捉這條鮭魚已經 7 年了，卻始終一無所獲。鮭魚之所以具有智慧天賦，是因為牠吃下了生長在海底的九棵

魔法榛樹上的榛果。

芬恩走近芬尼加時，他剛巧抓到了鮭魚，於是將鮭魚遞給男孩，指示他如何把魚放在火上烤熟。在烤魚的過程中，這位年輕的英雄不小心把拇指碰到了滾燙的魚肉，於是本能地把手指放進嘴裡吸吮以緩解疼痛。剎那間，他就被賦予了鮭魚所擁有的全部智慧和知識，成為一位偉大的先知。事實上，芬恩的行為就是愛爾蘭文化中「先知之拇指」（seer's thumb）的傳說，以及相信拇指可能具有特殊精神力量的來源。這個故事與威爾斯傳說中「凱麗德溫大鍋」故事（參見第 33 頁）相呼應。在這個故事中，年輕的圭昂在看守大鍋時，鍋裡的藥湯濺到了他的手上，使他無意中獲得了凱麗德溫原本為自己面目醜陋的兒子阿瓦格迪準備的知識。

威爾斯版本的智慧鮭魚傳說，是在〈庫爾威奇和奧爾溫〉這個故事當中。在尋覓獵神茉多隆之子馬彭——這兩個名字的意思分別是「母親」和「年輕的兒子」——以獲取他的幫助找到奧爾溫的過程中，庫爾威奇向一群具有魔力的野獸諮詢，這些野獸有與人類溝通的能力，特別是與亞瑟手下一名叫做古希爾（Gwrhyr，意思是「語言解釋者」）的人進行交流。這些會說話的動物中就包括「舵湖的鮭魚」（Salmon of Llyn Llyw），牠是世界上最古老的（因而也是最聰明的）生物之一。

古希爾從另一種會說話的野獸「昆納布伊之鷹」那得知這條鮭魚的存在，這隻鷹本來想捕捉鮭魚，但卻不慎被鮭魚拖到了水底。後來鷹和鮭魚彼此和解了，於是鷹覺得鮭魚也許能幫助古希爾和他的騎士同伴塞伊（Cei）找到馬彭。鷹隨即呼喚了

鮭魚，而鮭魚答應幫兩位騎士的忙。鮭魚把他們兩人負在自己寬闊的背上，帶他們找到了馬彭，此時馬彭正在監獄裡受盡折磨。馬彭最終被亞瑟的戰士們釋放了，並加入了幫助庫爾威奇追求奧爾溫的隊伍之中。

先知之拇指

在布列塔尼地區蘭紐諾克鎮發現的鐵器時代花崗岩塑像，上面有大得不成比例的向上伸出的拇指。

年輕的芬恩在吸吮被燙傷的拇指時，不經意間獲得了智慧鮭魚的全部知識。所謂的「先知之拇指」實際上可能屬於凱爾特傳統，比中世紀初期故事集的時間還早。因為在鐵器時代晚期的高盧，有些神的形象就會被描繪為有著大得出奇並豎起的拇指。在布列塔尼人的硬幣上，某些荒野女神會以駕著戰車的形象出現（或許是梅芙女王形象的前身，參見第178-179頁），用巨大的豎立拇指持握韁繩。在同樣位於布列塔尼的蘭紐諾克鎮（Lanneunoc）發現了一尊花崗岩雕像，呈現了一個無頭的人類軀幹，雕像全身除了一雙拇指指向上方的大手之外，幾乎沒有其他任何細節。在柴郡（Cheshire）的林多沼澤（Lindow Moss）泥沼中發現了一具鐵器時代晚期的沼澤屍體長有額外的拇指。屍體的主人是否被當時的人們視為一位先知呢？

羅馬—不列顛的戰神青銅小雕像，雕像雙手各握著一條長著羊角的蛇。

混種身體：變形的考古學 ○

我會以灰色母狼的形態出現，將獸群驅趕到淺灘上來對付你。
我會變成一頭沒有角的紅色小母牛出現在你面前，率領牛群將你的身體踏到水中，而你卻認不出我。

——《劫掠庫林之牛》中庫胡林與摩莉甘的對話

　　在神話中，人類與動物界限之間的滲透性和模糊性相當清晰明確，這從西歐鐵器時代和羅馬行省時期的圖像紀錄也可得到呼應。這些意象中充滿了形式上模稜兩可的特徵：公牛或野豬可能長有三隻角，馬頭上長著人臉，蛇長著公羊的角。在當時的圖像庫中，半人生物很常見。出現得最頻繁的混種生物是人與公鹿結合的形象，其中最引人注目的一例就在古德斯特拉普

來自丹麥古德斯特拉普的鐵器時代銀鍋內飾之一，描繪的是一位長著鹿角的神，手裡拿著一條有角的蛇。

大鍋上，一個長著鹿角的男子被動物圍繞，其中一頭公鹿就站在他身邊，其鹿角與男子頭上的鹿角一模一樣，就好像他們是同一個個體，正在進行形態轉換一般。

　　長著鹿角的人物還經常與性別的扭曲錯亂有關，因為有些在高盧發現的青銅小雕像是女性形象，但頭上長有分枝眾多的公鹿角。我們並不知道這些鹿角人的名字，但一個巴黎石柱上的雕刻圖像為我們提供了線索，該石柱是西元 26 年為禮讚朱庇特神而立，上面刻有各種大量的宗教形象，既有古希臘羅馬的多神，又有高盧本地神的面容。其中一個頭顱臉上留著鬍鬚、頭上長著鹿角，每根鹿角上都掛著一枚項圈或頸環。在這個形象的上方刻有一句磨損了的銘文「Cernunno」（意思是「致有角者」）。

　　身體的混合在鐵器時代的人類遺骸中也有所發現。在一些墓葬遺址中，人類和動物的遺骸混雜一起，就像是展現出對人與

貓人

四處攫取土地的國王
「殘忍者卡柏爾」長這副模樣
金黃的髮間露出兩隻貓耳
耳朵中各有一簇貓毛

——歐凱德・奧・弗羅林（Eochaid Ua Floinn）所作的中世紀詩歌

這首詩記載於一部 12 世紀的文本。其主角是一位名叫「殘忍者卡柏爾」（Cairbre the Cruel）的軍閥，他相貌英俊，外表卻具有一些動物的特徵，這很可能是為了表明這位殘暴無情的征服者獸性的一面；而詩中特別提及他與貓的相近之處，也可能是在暗指其如貓科猛獸一般具有狡猾和隱蔽的特質。不過，除了上面分析過的原因之外，詩人很可能也是在援引某個古代薩滿傳統，其中有著神性的男女會在儀典上穿著動物服裝，以求親近神靈。羅馬—不列顛的遺跡中也出現了長有貓耳的男人形象：在威爾斯南部的卡爾雷昂發現的陶瓦片上，繪有長著貓耳的人頭，而約克郡的唐卡斯特（Doncaster）也發現了一顆長著鬍鬚和尖耳朵的人頭石。

位於南威爾斯卡爾雷昂的羅馬軍團堡壘發現的陶瓦片，上面雕有一個長著貓耳的人頭。

長著鹿角的人頭浮雕，角上掛著頸環，出自一座位於巴黎的朱庇特紀念碑上，該紀念碑由塞納河（River Seine）船夫行會於西元 26 年所立。

動物界限之間的滲透性的認知。這些以遺骨或圖像形式存在的紀錄似乎都呈現了同一種認識世界的方式，其中的所有門檻都可以被跨越，任何邊界都可以被突破，其目的或許是為了表達人們對身分流動性的認知，以及對人和動物兩種形態間能力轉換的認可。凱爾特神話的變形現象完全可能是在反映一個更早期、可能是薩滿的傳統，在其中動物發揮著不同世界間交流媒介的重要作用，而人類要想進行靈性交流，就必須要化身為動物的形態。

渡鴉之聲：愛爾蘭的戰爭老嫗 ○

在阿爾斯特故事群中有一個明顯的神話傳統，就是女神與戰鬥之間的關聯。她們自己並不會參與戰鬥，但她們的干預會造

成敵對雙方的緊張局勢，並助長流血衝突，更令人反感的是，人們有時會見到她們啄食陣亡者的屍體。這些陰暗的女神最熱中的是死亡，但她們也會濫交，有著難以餍足的性欲，並有意引誘年輕的英雄，就像我們已經見過的庫胡林之例（參見第138-141頁）。

有兩個主要的女戰神：巴德和摩莉甘，她們的身分在某種意義上是重合的。每組女神都有多重變形能力：可以從少女變成老女巫，從一位變成三位，從女人變成渡鴉或食腐烏鴉。她們是早夭和暴斃的預言者，並且在視覺上也經常會模糊性別界限：看起來像年邁而長著鬍子的老女巫。烏鴉或渡鴉與亡者之間的關聯顯而易見：這些鳥的羽毛是閃亮的黑色，並且以動物或人類屍體的腐肉為食。這種鳥必然是大型屠殺現場的常客和要角，牠們聳著身子，從死去的戰士身上啄食肉塊，因而看起來與老朽女巫有幾分相似。讓鳥和女人之間的界限變得更加模糊的是，烏鴉那聽上去類似人類粗啞嗓音的叫聲，同時牠們還有模仿人類語言的能力。

在英國南部發現了一個出自鐵器時代晚期的奇異考古現象，渡鴉的骸骨宛如儀式性地被反覆堆疊。考古學家早就意識到，居住在威塞克斯（Wessex）山丘旁的鐵器時代人類會挖很深的糧倉來儲存糧種過冬，但當這些糧倉長期使用後，它們會被有條不紊地清理乾淨，然後裝滿人和動物的遺骸。這些不是垃圾，而是精心安置在裡面的，由人和動物的整個遺體或部分遺骨構成的供品。其中的動物幾乎完全是本地常見的物種，唯一的例外是大量存在的渡鴉骸骨，數量遠遠多於當地渡鴉群種可

能形成的數量。

　這與傳統上置放的遺骨通常是馬、狗或羊不同，需要加以解釋。也許，就像後來的神話所敘述的那樣，這些鳥是死亡和戰爭的象徵。但有人認為會有烏鴉的屍體是因為牠們的羽毛被用來製作祭司或薩滿在儀典所戴的頭飾。穿著動物服裝，包括鹿角和羽毛，可能在「變形」的儀式中發揮著重要作用。會不會是這種關聯為後來的凱爾特渡鴉女神（如巴德）的傳說奠定了基礎？

　鐵器時代和羅馬統治時期，歐洲的圖像學經常描繪的形象是「鳥人」：人類裝扮成鳥，或是半人半鳥的化身。這些都是瑞典青銅時代晚期石刻藝術和義大利北部卡莫尼卡谷（Camonica Valley）鐵器時代岩刻文字的永恆主題。其中的一個岩洞位於

義大利卡莫尼卡山谷鐵器時代的「鳥人」石刻。薩滿佩戴羽毛翅膀的習俗可以追溯到 5,000 年前。

瑞典布胡思（Bohuslän）的卡爾桑根（Kallsängen），裡面刻著長著喙和翅膀的人形圖像；其中一幅尤為怪誕，人有兩個頭，兩張臉分別看向兩個方向——很像雅努斯（Janus，編按：羅馬的門神，前後有兩張面孔，展望著過去和未來）。

儘管斯堪地那維亞的這個素材描繪的似乎是「真正的」半人半獸，但卡莫尼卡谷的鳥人卻並非如此模糊的存在。卡莫尼卡的形象清晰地描繪了作鳥類打扮的男女。在羅馬時代的高盧，鳥人不是作為人和鳥的結合體出現，而是被視為鳥的守護者。勃艮第地區穆鎮（Moux）的一座雕塑表現了林地保護者的形象：他手持橡樹果、棍子和長柄鉤鐮，身邊伴有一條獵犬和兩隻形似渡鴉、長著大喙的鳥，牠們棲息在他的肩膀上，轉身親密地注視著他的臉，或許正在他的耳邊低語。

在勃艮第地區穆鎮發現的一座神聖守林者的石浮雕，身邊伴有獵犬、棍子，一個袋口張開裝著果子的袋子，雙肩上各棲息著一隻渡鴉。

愛爾蘭的薩滿「鳥人」

那些鳥兒脫下了長著羽毛的外套，手持長槍和劍將康奈爾團團圍住；然而其中有一隻鳥卻護著他，開口說道：「我是涅姆蘭，你父親的鳥兒軍隊的王。」

——〈德爾加旅店〉

有兩則神話故事包含了有變形能力的先知的鮮明形象：他們能夠穿上鳥的「外形」，使靈魂在宇宙的各層之間飛行，同時以兩種靈性存在活動。

〈德魯米姆達姆哈爾之圍〉（The Siege of Druim Damghaire）記錄了阿爾斯特的科馬克國王（King Cormac of Ulster）和盲人先知莫吉・瑞思（Mog Ruith）之間的比賽。兩人都聲稱自己的魔法力量比對方更強。莫吉・瑞思為了進入靈性世界贏得這場比試，披上了一件公牛皮斗篷，戴上了一頂由長著斑點的鳥羽製成的頭飾。斑駁的色彩很重要，因為雙重色彩能夠召喚出莫吉・瑞思同屬於物質世界和靈性世界的雙重身分。

先知莫吉・瑞思由於具有鳥的形態，他能夠飛翔，召喚靈性援軍來對抗科馬克的魔法。先知的盲人身分也是理解先知地位的關鍵，因為古代許多先知的眼睛都看不見，這增強了他們的內在視界能力：希臘神話的狄瑞西亞斯（Tiresias）和《舊約》的以色列先知亞希雅（Ahijah）都是盲人。在某些現代薩滿社群，比如印度的索拉（Sora），薩滿先知進入出神狀態時會蒙住自己的臉，藉以獲得心智視界與神靈交流的能力。

一個叫做涅姆蘭的鳥人與神話中的愛爾蘭統治者康奈爾·摩爾有著密切的關聯，後者的一生是〈德爾加旅店〉故事的主線。貫穿整個故事的元素是魔法、咒術以及人界與神界之間模糊不清的界限。康奈爾與阿爾斯特英雄庫胡林一樣，也受到了禁令或禁忌的約束：他被禁止獵取或殺死任何鳥。這項禁令是他父親在他母親懷了他的時候所下的。當康奈爾即將繼任王位時，涅姆蘭又在新國王身上下了一系列禁令，並再次強調了禁止傷害鳥類的禁令。有一次，康奈爾違背了他不得殺鳥的禁令，於是他試圖殺死的那群鳥紛紛脫落羽毛，並開始攻擊他。這群鳥的領袖就是具有變形能力的涅姆蘭，他試圖保護康奈爾免受其他鳥兒的傷害。涅姆蘭與莫吉·瑞思一樣，也是一位薩滿，一位雙重的靈性存在，能夠跨越人、動物和靈性世界之間的界限。

愛之勞役：庫爾威奇與奧爾溫 ○

於是庫爾威奇的父親對他說：「我的孩子，你為什麼臉紅呢？發生了什麼事？」

「繼母詛咒了我，說我將永遠無法娶妻，除非能娶到巨人伊斯巴達登的女兒奧爾溫。」

「那很容易的，兒子，」他的父親說道，「亞瑟是你的表親。去找他，加入他的宮廷，求他幫你娶到那個女孩。」

————————————————————————〈庫爾威奇與奧爾溫〉

　　豬也是威爾斯神話很常見的一種動物。我們在前面已經介紹

過，豬肉是筵席上的重要食物，同時人們也將豬視為最勇猛、最可怕的動物（參見第130頁）。其中，豬的象徵出現得最密集的一個故事就是〈庫爾威奇和奧爾溫〉。庫爾威奇這個名字的意思就是「豬圈門口」。庫爾威奇出身高貴，是亞瑟的表親。故事一開始就引入與豬的關聯，在這位英雄出生之前，就已經和豬有所連結。庫爾威奇的母親格列烏德（Goleuddydd）在懷著他的時候，對豬這種生物發展出了強烈的反感。一天，她意外遇到一群豬，嚇得早產了，並且拋棄了這個新生兒。養豬的人發現了他，為他取了「豬圈門口」這個名字，因為那是他被發現的地方。

庫爾威奇與豬的關聯一直與他相隨。他長大後，愛上了巨人伊斯巴達登（Ysbaddaden）的女兒奧爾溫。奧爾溫的父親對這門婚事提出了各種反對意見，還給前來求婚的庫爾威奇設定了一系列幾乎不可能完成的艱鉅任務或勞役。他最終完成了這些任務，這個事實暗示了他具有非凡的英雄身分。〈庫爾威奇和奧爾溫〉神話的核心是所有威爾斯神話中最難以完成的任務：伊斯巴達登要求庫爾威奇去找一頭巨大的超自然野豬圖夫圖茲——這頭野豬曾是一位人類國王——並從野豬的雙耳間取回剪刀、剃刀和梳子。

因為他從出生起與豬就有關聯，當庫爾威奇最大的挑戰是與圖夫圖茲這樣有著野豬形態的敵人對抗時，一切也就順理成章了——就好像他們是彼此綁在一起的對立面一般：善與惡，被祝福者與被詛咒者。聽眾一聽到對圖夫圖茲的描述，就能立刻意識到他來自異世界，不僅因為他身形巨大，還因為他的鬃毛

像銀翼般閃閃發光。庫爾威奇在完成這個看似不可能的任務的
過程中，得到了亞瑟王的幫助，因為儘管圖夫圖茲是一個強大
的對手，但正義最終還是戰勝了邪惡；庫爾威奇最終拿到了野
豬雙耳之間的梳剪組，而這頭神奇的野豬隨後遁入大海。庫爾
威奇用剃刀、剪刀和梳子為伊斯巴達登剃掉了鬍子，贏得了奧
爾溫。他們兩人結了婚，後來一直幸福而忠貞地生活在一起，
直到死亡奪走他們的生命。

公牛的法術 ○

這就是庫蘭的棕色公牛 ——
遍體深褐、年輕體壯、威風凜凜令人生畏
凶猛無雙又兼有智巧
烈火般狂怒，腰腹收得緊緊
滿是蜷曲毛髮的頭高昂著
口中發出低吼，眼裡火光四射
鬃毛濃密的脖頸強硬結實……

———————————————————————— 《劫掠庫林之牛》

　　牲畜是中世紀初期愛爾蘭的經濟核心：牠們是財富的單位，
統治者的地位是由他的牛群數量和品質來衡量。牛在愛爾蘭社
會的重要性在《劫掠庫林之牛》這個故事中表現得淋漓盡致，
故事的中心焦點是兩頭巨大的魔法公牛。故事一開始，人們就
意識到了這些公牛並不是普通的野獸。庫蘭的棕牛體型極為龐

「公牛的沉睡」（The Tarbhfess）

古德斯特拉普大鍋上的公牛象徵圖案，會讓人們想起神祕的愛爾蘭儀式「公牛的沉睡」。這個傳說特別和愛爾蘭的宮廷塔拉有關，與下一任國王的選定相連。一頭公牛會被殺死、肢解，並烹煮；一位被特別選定的人會吃下公牛肉及肉湯。吃飽喝足之後，他就躺下睡覺，德魯伊會在他周圍吟唱，直到他們收到預示認出下一任國王的身分。

大，可以容下 50 個男孩同時在牠的背上跳舞。康納赫特的白角公牛芬本納赫則長著紅色的身體、白色的頭和蹄；這些顏色都表明牠來自異世界。兩頭公牛一開始都是養豬的人，而後被變成了動物形態，卻仍然保留了人類的理性和語言能力。兩頭公牛血戰到底，雙雙戰死，代表了各自的家鄉阿爾斯特和康納赫特，象徵了土地、生育和繁榮的擬人化。

高盧—不列顛關於前羅馬鐵器時代晚期和羅馬時期的圖像學紀錄，「可能」讓我們略微瞥見了魔法公牛這形象起源的傳統。古德斯特拉普大鍋的裝飾畫中隨處可見作為祭品的公牛。這些牛顯然是超自然的生物，因為大鍋上的描繪遠大於一般公牛的大小，和旁邊矮小的人類殺手形成了鮮明對比。

古代高盧的公牛傳說

西元 26 年，一群乘船渡過塞納河的船夫在巴黎立了一根獻

「公牛與三隻鶴」石刻，發現於巴黎
某個船夫行會於西元 26 年獻給朱庇
特神的石柱上。

給朱庇特神的巨大石柱。紀念碑上刻著許多不同神祇的名字，
名字下則伴有這位神的形象。當中有些是羅馬神，有些則屬於
高盧的本地神。其中一塊石板刻有「公牛與三隻鶴」（Tarvos
Trigaranus）的字樣，下面的圖像是一頭巨大的公牛站在柳樹
前；兩隻白鷺或鶴棲在公牛背上，另一隻則棲在公牛頭上。白
鷺和柳樹都是親水的，這或許可以解釋鳥和樹之間的關聯。這
些鳥也與牛群有共生關係，牠們以牛皮上的寄生蟲為食。

　　但這幅在巴黎發現的石刻上的某些特徵，暗示著一則現已佚
失的神話故事；出現在德國特里爾城（Trier）摩澤爾河（River
Moselle）畔的紀念碑也強化了這點，此處距巴黎超過 400 公里，
但發現了一個幾乎完全相同的形象。兩座紀念碑上，公牛和三

隻白鷺的場景都與樵夫修剪柳樹的意象有關。在巴黎的石柱上，樵夫的名字叫做埃蘇斯（Esus）。而羅馬詩人盧坎（Lucan）在史詩《法薩里亞》（*The Pharsalia*）——主題是龐貝（Pompey）與凱撒之間的大內戰——提到了三位可畏的高盧神：塔拉尼斯、圖塔特斯（Teutates）和埃蘇斯。幾乎可以肯定，盧坎提到的「埃蘇斯」就是巴黎紀念碑上的那位。

卡佩爾加蒙火犬

1 世紀末或 2 世紀初某個時候，有人曾去威爾斯西北部偏遠的沼澤地區旅行，這個地方今天叫做卡佩爾加蒙（Capel Garmon，意思是「加蒙教堂」）。他們隨身帶著一個鐵製爐架，又大又重、裝飾華麗、上面飾有公牛頭圖案，它的用途可能是掛烤叉來烤肉，或只是用來擋風、保護爐火。在英國和高盧已經發現了許多這樣的「火犬」（fire-dogs），但這個很特別，它既富有裝飾性，展現出精湛的鐵器鍛造技術，又像是「供品」之用。

這個「火犬」有一條橫梁，連接兩根立柱，每根立柱上端雕著一隻有角的獸頭。但這兩顆頭並不是一般的公牛頭像，而是「巴洛克式」（baroque）的雕塑，刻著十分精細的鬃毛，上面飾以相連的鐵球，就像花式騎術表演的馬匹。仔細觀察卡佩爾加蒙火犬的細節，會發現這兩顆頭長得不一樣，表示原來是要做出兩個不同面孔的動物。《劫掠庫林之牛》中對公牛的描述也呼應了卡佩爾加蒙火犬，因為這些魔法公牛長有鬃毛，是

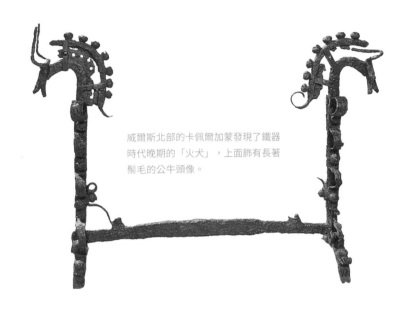

威爾斯北部的卡佩爾加蒙發現了鐵器時代晚期的「火犬」，上面飾有長著鬃毛的公牛頭像。

從異世界召喚出來的靈性生物。

　　我們無法確定卡佩爾加蒙火犬是否被使用過。但它的生命有自己的開端和結束，因為它是被人故意放在泥沼的，每顆牛頭上都被壓上一塊大石頭，就像古人的泥沼葬一樣。火犬是一件非常珍貴和特別的物品。一名現代威爾斯鐵匠曾試圖複製這個物件，他估計要花費三年時間才能造好。有鑑於這些火犬必然是成對使用，其中凝聚的人力資源肯定頗為驚人。以火犬獻祭的話，其「犧牲價值」可能和獻祭一個活人一樣多，甚至可能更多。公牛怪異的天性，加上鬃毛，令其具有召喚靈異生物的更強能力。

貓頭鷹與鷹：威爾斯的晝夜神話 ○

《馬比諾吉昂》第四分支充滿了關於變形的情節。本章前面提過，馬斯用詛咒將格溫蒂昂和吉爾韋綏貶為動物，但這並不是故事中唯一跨越人類與動物邊界的事件。同個故事的核心是一段三角戀情：美麗的年輕女孩布蘿黛維、她的丈夫萊伊·勞·吉費斯，以及情夫格羅努。

要把這個故事放到適當的脈絡，必須簡單回顧一下萊伊面臨的困境（參見第 106-108 頁）。葛伊溫被強暴，失去處子之身後，阿麗安蘿德表示可以繼任馬斯的「持足者」，但卻因為生下了雙胞胎，未能通過馬斯的童貞測試。下面的故事主線就是圍繞著她的第二個孩子展開。阿麗安蘿德出於羞憤，拋棄了次子萊伊，在他身上下了三重詛咒，用意是要讓他在社會無法立足。

格溫蒂昂及他的舅舅馬斯集兩人全部的魔法力量，想方設法繞過阿麗安蘿德的禁令，讓萊伊有辦法娶到妻子。最後，他們的解決之道是從花朵幻化出一個名叫布蘿黛維的女子。但她卻另找了情夫格羅努，兩人合謀殺害她的丈夫。此時，萊伊的魔法異能就顯露了，因為除了母親下的負面禁令之外，他身上還附有一組保護性的咒語：他既不能死在屋裡，也不能死在屋外；他既不能死在水裡，也不能死在陸地上；他既不能赤身裸體地死，也不能穿著衣服被殺死。

此外，萊伊只會被在禁止一切鍛造時所造出的長矛刺傷。所有這些條件都涉及邊緣和邊界，這指出萊伊與異世界力量的淵源頗深。布蘿黛維用惡魔般狡詐的伎倆哄騙了輕信的萊伊，使他洩露了打破自己身上保護禁令的要訣，向她坦白：

「如果有人安排我在河岸邊洗澡，在浴盆上設置一個門拱形狀的框架，上面鋪上溫暖的厚茅草屋頂，再找來一頭公山羊，」他說，「把公羊放在浴盆旁邊，讓我一腳踩在山羊背上，另一隻腳踏在浴盆邊上。誰要是在這個時候攻擊我，他就會把我殺死。」

—————————————————— 《馬比諾吉昂》第四分支

　與此同時，格羅努祕密地鍛造出致命的長矛，在尖端淬毒；而布蘿黛維設法讓萊伊置身於他之前描述的場景中；格羅努從躲藏的地方跳了出來，用長矛給了萊伊致命一擊。

　但萊伊沒有倒地死亡，而是發出一聲巨大尖叫，變成一隻鷹飛走了。格溫蒂昂發現了事情的真相後，詛咒了布蘿黛維，把她變成了只能在夜間捕獵的貓頭鷹，因為她做過的羞恥之事，會被其他所有鳥類排斥。他還找到了棲在橡樹上的萊伊，幫他

發現於羅馬—不列顛時期牛津郡（Oxfordshire）伍迪頓（Woodeaton）一座神廟的鷹形青銅像。

恢復了人形。於是被陷害的萊伊殺死了格羅努，後來繼承了格溫內斯的王位。

這個故事最引人注目的地方是背後隱藏著善惡的神話。因為布蘿黛維不是凡人，她在根本上就有缺陷、不可信任，太過凶險以至於不能在人類之中生活。萊伊的變形能力，和他的名字「光明者」及他母親的名字「銀輪」，都顯示他是天神，他避難之地是棵橡樹也有關聯。在古希臘羅馬神話中，鷹、橡樹都與羅馬天神朱庇特有關。但威爾斯神話同時還帶有基督教道德規訓的色彩。魔法的施行，例如將花朵幻化成女人等行徑，應該受到譴責。而正義終將獲勝，光明將會普照四方，令黑暗無所遁形。

魔鬼：從神話到塔羅

凱爾特神話充斥著外表怪異的邪惡女人，但魔鬼又是怎麼回事呢？在現代神祕學中，正如塔羅牌呈現的一樣，魔鬼被畫成一個長著山羊頭、有角、偶蹄，呈坐姿的半人生物，還長著鬍鬚和女性的乳房。中世紀歐洲，魔鬼被畫成頭上長角，經常形似於更初期的鹿角「克努諾斯」（Cernunnos）的畫像。凱爾特人對克努諾斯的描述，並沒有暗示他本人具有黑暗的一面，但他人獸混雜的屬性注入了早期基督教的獸性觀念、異教徒的混亂，並與人是依照上帝形象所造的觀念互相矛盾。

7

危險關係：
女性的畸形影響

如果高盧人把他的妻子也叫來助陣，那麼就算出動整支軍隊都打不過他們。高盧女人通常格外健壯，長著藍色眼睛；特別在她脖頸青筋綻出，牙齒咯咯作響，揮舞著灰黃色的巨大手臂，開始拳打腳踢的時候，就會像投石車不斷拋出石塊一樣，給敵人連續不斷的猛擊。

―――――――阿米阿努斯・馬爾切利努斯（Ammianus Marcellinus），
《歷史》（*Histories*）第 15 卷第 12 章

　　劇作家尤里彼德斯（Euripides）親歷了斯巴達和他的家鄉雅典城邦之間長達二十餘年的血腥內戰後，寫了悲劇《酒神的伴侶》（*The Bacchae*），抒發了他的動盪和絕望感。該劇寫於西元前 407 年，當時尤里彼德斯已經從雅典逃到相對和平安全的馬其頓（Macedon）。這齣戲劇的中心主題是人類（更具體地說是指男人）本性中兩個對立的元素：文明和野蠻，以及秩序（nomos）和自然（physis）之間的緊張關係。

　　尤里彼德斯的悲劇與凱爾特神話的關聯，在於呈現女性的方式。《酒神的伴侶》將婦女、動物和未馴服的自然世界置於「野蠻」的一面，從根本上就與男人、秩序和人造環境（城市）的

有序「文明」世界互相對立。婦女本性軟弱，因而會被野蠻放縱的力量支配，在酒神戴奧尼索斯（Dionysus）令人迷醉的影響之下，她們會陷入濫交狂歡，做出可怕的暴力行為，包括殺人、分屍和吃人。

在威爾斯和愛爾蘭神話文本（特別是愛爾蘭神話）中，許多傑出女性所遭受的待遇也同樣不光彩（絕對是「非女性主義」）。這種描繪至少部分要歸因於編撰的基督教神職人員，對於他們來說，守規矩的良家婦女不應拋頭露面，女性的貞操也必須被小心看管。因此阿爾斯特故事群把康納赫特女王梅芙描繪成一個性欲和軍事欲望都不知饜足的女人，經常被敘事者嘲諷。甚至連她的死也是以一種很不光彩的方式：她被一顆由彈弓射出的硬乳酪球打死了。其他愛爾蘭女性「英雄」，如「悲傷者荻德麗」的故事（參見第 89-90 頁），則強調她們的美貌是國家傾覆的根源。威爾斯傳說的女性受到的對待要比愛爾蘭

丹麥古德斯特拉普大鍋的內板。上面描繪了一個女人的頭和肩部，其左右各有一個輪子。

神話與莎士比亞作品中的女巫形象

在莎士比亞的傑出悲劇中，預言並最終導致了馬克白毀滅的三個醜女巫，與愛爾蘭神話的巴德和摩莉甘非常像。與她們一樣，《馬克白》的女巫們也是衰老、不道德、善於預言、性別曖昧不明，班柯（Banquo）曾這樣評價她們：

「妳們應當是女人，可是妳們的鬍鬚卻使我不敢相信妳們是女人。」

莎士比亞寫作這部「蘇格蘭戲劇」時，英王詹姆斯一世（King James I）正陷入「反女巫」的狂熱中，1591 年蘇格蘭女巫曾密謀殺害國王，導致他對女巫的反感態度。莎士比亞刻意描繪女巫完全無視人類道德規範：報復心重，破壞欲強，經常舉行可怕的儀式。當時的女巫審判紀錄提到，有些受害者因為拒絕招待女巫而被她們下咒。在〈德爾加旅店〉故事中，愛爾蘭國王康奈爾・摩爾就是這樣被巴德摧毀的。康奈爾與阿爾斯特的英雄庫胡林一樣，他身上也被下了雙重禁令：除了前文提到不得殺鳥的禁令（參見第 163 頁），他在日落後就不能與女人單獨相處，但他又受到好客的通行法則約束，迫使他不得不去招待巴德。康奈爾身上的雙重束縛不可避免地導致了他的覆滅。敵人在巴德的帶領下，砍掉了康奈爾的頭。但康奈爾與異世界的神奇關聯，也進一步在這個故事展現，因為他被砍下的腦袋還能與馬克・凱夫特（Mac Cécht）交談，而後者最終為他報了仇。

好一些，但大多數時候她們都是些蒼白無力的形象，僅在催化男性行動上才有重要性。里安農和布蘿黛維是兩個例外，但即使是她們，命運最終也掌握在男性手中。

好戰的婦人：梅芙與瑪卡　○

梅芙圍攻騷擾了行省 14 天之後，轉而南下。她襲擊了切赫查・麥克・烏特迪爾（Celtchar mac Uthidir）的妻子芬恩－摩爾（Finn-mór），在達爾瑞達（Dál Riada）的領土上攻占了索巴奇（Dún Sobairche）要塞之後，帶走了芬恩－摩爾手下的 50 個婦女。

—— 《劫掠庫林之牛》

梅芙是阿爾斯特故事群中重要的人物。在《劫掠庫林之牛》描繪的阿爾斯特和康納赫特兩個愛爾蘭行省之間的災難性衝突中，正是她對阿爾斯特棕色公牛的嫉妒導致她挑起了這場大戰，最終以阿爾斯特的險勝告終。梅芙是康納赫特人選定的統治者。她的配偶艾利爾幾乎沒有任何影響力：所有的權力都掌握在梅芙手中。她暴力、嗜血、狡猾、濫交；具有這些「德性」意謂著她違背了一切中世紀基督教婦女的合宜品行。現存文本在描述她的行為時，字裡行間都透著反對的聲音，預告「一切都會以眼淚告終」。結局也正是如此。

梅芙這個名字本身就透露出了她的特性，因為這個詞的意思是「令人迷醉的誘惑者」。根據神話文本，她在塔拉和克魯卡

欣（Cruachain）的王室中心統治著康納赫特。她幾乎毫無疑問地是一位女神，而不是俗世女王，但卻被「凡俗化」了（文本將她寫成一個人，而非神）。本質上，梅芙是一位主權女神，是幾位將王位授予凡人統治者的愛爾蘭神聖女性之一。她和她的姐妹們一樣，主要關心三件事：性（賦予愛爾蘭生育力）、戰爭（保衛愛爾蘭）以及領土（使愛爾蘭人民安居）。

中世紀修道院的修訂者（故事的作者）所持有的基督教道德原則，可經由梅芙各種過度放縱的行為一覽無遺。關於她的一切都很極端、毫無節制，以及（從基督徒視角來看）極不體面。她是一個酒鬼、毀滅者，她熱愛性交，並且她駕著戰車在戰場凶猛急馳，能讓最英勇的英雄也心驚膽寒。很容易看出，梅芙和尤里彼德斯在《酒神的伴侶》塑造的狂女之間有著種種相似之處。梅芙和她的敵人阿爾斯特國王康勃爾，是旗鼓相當的對手，因為他殘忍奸詐，在這方面與她不相上下。透過梅芙極為明顯具備的凡人特徵，仍然能看出她的神性：她與許多神靈和薩滿一樣，也擁有動物的靈性幫手，她有一隻鳥和一隻松鼠。梅芙可以施魔法，也會變形，能在老女巫和少女形態之間隨意變換。

「妳叫什麼名字？」國王問道。

「我的名字，以及我後代的名字，」她說，「將用來命名這片土地。我叫瑪卡，是塞恩里斯・麥克・因巴斯（Sainrith mac Imbaith）的女兒。」

她隨即追逐著戰車疾奔。戰車行駛到荒野盡頭時，她生下了一對雙胞胎兒女。名字叫做艾汶瑪卡，是瑪卡的雙生子，艾汶瑪卡的名字就源

自於此。

──────────────────── 《劫掠庫林之牛》

　　瑪卡（Macha）女神與梅芙有一些共同的特點，但瑪卡最引
人注目的特性是她的三重位格，將她與戰場女神摩莉甘和巴德
相連。瑪卡與梅芙一樣，也是一位主權女神，愛爾蘭北部的王
城重要中心「艾汶瑪卡」（Emhain Macha）就是以她為名。在
故事中，瑪卡以三合一的形象出現，三個位格的起源不同，但
最終合併成一個多面的角色。不過，三位瑪卡顯然都與主權、
生育力和愛爾蘭的人格化有關。其中一位，就像梅芙一樣，是
名戰爭領袖；另一位是奈米德國王（King Nemedh）的妻子，
也是女先知。奈米德國王的名字很重要，因為它來自凱爾特語

羅馬巴斯發現的一片瓦岩，上面刻著三位女神。

艾汶瑪卡：王城座落處

在阿爾斯特故事群中，艾汶瑪卡是傳說的康勃爾國王的宮廷
座落處，也是所有阿爾斯特國王舉行加冕儀式的聖地。不過
考古學證據顯示，早在中世紀傳說年代的幾世紀之前，這個
地方就已經有重要的象徵意義，因為它被認出是阿馬郡的納
文要塞（Navan Fort）鐵器時代的著名遺址。西元前94年（我
們能知道其具體時間，全要歸功於木材的年輪），人們曾
在地勢較高的土地上用橡木建造一座巨大的圓形神廟結構，
從幾英里外都能看見中間高聳入雲的柱子。建築屋頂鋪著茅
草，整個建築在建好後立即就被焚毀，作為給天神的獻祭。
在附近的深谷中，有一座叫做勞頓納斯哈德（Loughnashade）

阿馬郡的納文要塞（重建）。

4 支沉在納文要塞附近湖中鐵器時代的青銅製儀典號角之一。

的小湖，湖中有 4 支裝飾精美的青銅儀典號角，也是放入水中的宗教供品，或許它們是用於神廟焚毀時的一項儀式；神廟建築與號角作為一種雙重奉獻。很顯然地，納文要塞的年代要比傳說中的艾汶瑪卡早很多；考古學研究指出，此處作為主要宗教儀式舉行地的歷史長達一千多年。納文要塞有一個鐵器時代的重要考古發現具有特別的重要意義：一顆巴巴里猿猴（Barbary Ape）的頭骨。當時的人們從遙遠的北非將這隻猿猴帶來，作為一件珍貴的異國禮物獻給了他們的領主。

的 nemeton，意思是「聖林」。第三位女神──也是最複雜、最有趣的一位──嫁給了一個名叫庫倫丘（Crunnchu）的凡人。

最後這位瑪卡與馬匹有著千絲萬縷的關聯，她無疑是一位馬之女神，就像愛珀娜和威爾斯神話裡的里安農一樣，她也是神話中最被充分描述的一位瑪卡。她是地上最快的跑者，庫倫丘和國王打賭她能跑得過國王最快的戰車。瑪卡當時身上懷著快足月的孩子，但即便如此還是被迫參加比賽；最終她贏了，但在生下雙胞胎後力竭而死。她在斷氣前，用弱化的咒語詛咒阿爾斯特的男人，所以每當他們在戰鬥中遇到危機時，就會連續四天四夜像即將生產的女人一樣虛弱。這場賽跑使瑪卡被視為

馬之女神。還有一點，庫胡林的戰車有兩匹馬，其中一匹就叫做「瑪卡灰馬」。

菲迭姆：神靈、先知與薩滿 ○

駕駛驅車轉了回來。就在他們想折回營地時，一個年輕女子出現在他們面前。她有一頭黃色頭髮，身穿斑紋圖案、飾有金色別針的長袍，戴著紅線刺繡的兜帽，鞋上則有金質扣環。她的臉型上寬下窄，眉毛濃密，黑色睫毛在臉頰上投下長長的影子。她的嘴唇紅得像帕提亞人（Parthian）的染料，唇間嵌著珍珠般的牙齒。她的頭髮分梳成三條辮子……在她的手中拿著一根鑲了金的白青銅織布機提綜棒。她每隻眼睛裡有三層虹膜。這個年輕女子身上帶著武器，她的戰車由兩匹黑馬拉著。

——《劫掠庫林之牛》

在阿爾斯特故事群中，阿爾斯特和康納赫特之間大戰的血腥結局，一開始就被劇中最奇怪的角色一言命中。早在開戰之初，當梅芙駕著戰車集結部隊時，一名年輕女子出現在女王和軍隊前。正如上面的引文所說，她的外表引人注目。當女王令她自報身分時，她回答她的名字是菲迭姆，是來自康納赫特的詩人。梅芙向她提出許多其他問題，其中最關鍵的問題是「妳是不是『遠見之光』（imbas forosnai）？」菲迭姆回答她就是，於是梅芙請她預言戰爭的結果，以及她軍隊的命運。菲迭姆吟出令人不寒而慄的詩句，也就是她看到軍隊沐浴在一片血紅之

中，形容阿爾斯特英雄庫胡林是康納赫特的毀滅者。

但菲迭姆究竟是什麼人？說書人提及她的外表時就有她真實身分的線索。在對她的描述中，數字三是關鍵：她有長著三層虹膜的眼睛指出她不是凡人，而是與異世界有關。事實上，三層虹膜可能象徵著她能看穿過去、現在和未來，或者三層宇宙：上層天界、中層凡世、下層冥界。她的斑紋斗篷也表明了她的身分是「雙重靈性」的存在，薩滿經常被授予這個頭銜，因為他們能夠在不同世界之間穿梭。雙色、閃光或斑紋的服裝都反映了這種雙重性。

一位薩滿的主要職責是當名先知，預測未來，而這正是菲迭姆所做的。然而她的外表又像名戰士，佩帶著武器，坐在戰車上，這點就不那麼容易解釋了。也許她這樣的裝備是因為她面對的是戰爭帶來的惡，因而這樣的描述也反映了記下故事的基督教神職人員的道德觀和反戰立場。菲迭姆手中的提綜棒賦予了她進一步的面向：她有能力編織梅芙命運的絲線，並在諸神要求時切斷康納赫特的生命力。

少女、已婚婦人和老女巫 ○

當時他們圍坐在旅店裡，一個女人在日落後出現在門口，要求他們開門放她進來。她的兩條小腿就像提綜棒一樣又黑又長。她身上穿著厚重的羊毛條紋斗篷，鬍鬚垂到了膝頭，嘴長在頭的一側。

〈德爾加旅店〉

　　我們已經遇到了三位一組的瑪卡、摩莉甘和巴德，她們可以化身為人形或食腐鳥類，也能以女性三個階段（少女、母親和老嫗）中的任一姿態出現。以這種方式，這個單獨的存在就可以超越具體的年齡，代表女性的整體形象。在〈德爾加旅店〉的故事中，康奈爾・摩爾因被迫招待一個孤獨的女人而招來了滅頂之災，因為他身上被下了一道禁令，永遠不能在日落後與女人單獨相處。他遇到可怕的老女巫身上有著很多超自然的「標籤」：她跨越了性別的界限，穿著雙色斗篷，外表也異於常人。

巴德和瑪卡，充盈了儲備
摩莉甘製造混亂
被劍刺殺的那些人
艾瑞馬斯（Errimas）的貴族女兒們。

―――――――――――――――――――― 《侵略之書》

　　人類統治者和女巫之間有一次非常著名的相遇，或許為早期現代關於變形的童話（例如青蛙王子的故事）奠定了基礎。尼爾民族（Ui Neill）有一個非常早期的起源神話（也許早在 5 世紀就寫下了）裡就包含了這樣的內容。尼爾王朝的創建者是「九人質中的尼爾」（Niall of the Nine Hostages），他的統治正當性是源自在故事中遇到了扮成老女巫的主權女神。

　　尼爾和他的兄弟外出打獵時感到口渴。他們發現一口井，由一個醜陋的老婦看守，她要求每人給她一個吻來換取井水。其

在德國的波恩（Bonn）發現的白燒黏土塑像，是萊茵地區（Rhenish）的三位一組女神。

他兄弟都嚇得往後退縮，只有尼爾吻了她，並和她做愛。在他們結合的過程中，女巫把自己變成了一個漂亮的年輕女子（就像在格林童話中，少女的親吻使青蛙變成英俊的年輕王子一樣）。當尼爾追問她的名字時，她告訴他，她是主權女神。尼爾正式成為國王，他與愛爾蘭這片土地的婚姻讓他的統治獲得了合法性。

蒙冤的妻子和惡毒的女人 ○

當時愛爾蘭民眾群情激憤，人民宣稱除非馬瑟路夫為他在威爾斯遭受的待遇雪恥，否則就別想安生。他的手下將布朗溫逐出她丈夫的臥房，讓她在廚房為整個宮廷煮飯，以報復她的兄長；還讓屠夫在每天剁碎當天需要的肉類之後，狠狠地打她一個耳光。

―――――――――――――― 《馬比諾吉昂》第二分支

渡鴉女神的造像

在西元前 2 世紀，尤尼爾（Unelli）的阿莫里卡（Armorican）部落——位於布列塔尼——鑄造的硬幣上，有一匹疾馳的戰馬，背上棲著一隻巨大的食腐鳥類，這隻鳥巨大而又彎曲的爪子刺入馬背。馬的下方是一隻狀似蠍子的生物和一條蛇，兩者似乎都在攻擊牠。很容易在這個奇怪的場景看出愛爾蘭渡鴉女神的前身。愛爾蘭那些具有變形能力的戰場女神，是否可能源自佚失的更早期戰爭神話呢？人們看見戰場上食腐鳥類啄食屍體，而產生了這樣的戰爭神話？

阿莫里卡鐵器時代金幣圖案，一匹馬背上棲著巨型的烏鴉。

　　《馬比諾吉昂》第二分支經常以女主角的名字「布朗溫」為名。儘管布朗溫被列為威爾斯最偉大的三位女性之一，但她本人卻是男性支配和攻擊下悲慘而無力的受害者，只有當她在她新婚丈夫的宮廷受到虐待時（參見第 115 頁），說書人才賦予這個角色一些實質內容。她在廚房裡養了一隻八哥，教牠說話，告訴牠有關哥哥的事情。布朗溫寫了一封信給哥哥，訴說

了她目前的悲慘狀況，她把信綁在八哥翅膀下，指示牠飛往哈萊克。布蘭發起的復仇戰爭為威爾斯和愛爾蘭雙方都造成了巨大的傷亡。布朗溫看到兩個美麗國家的毀滅，隨即悲傷得肝腸寸斷、心碎而死。

與布朗溫一樣，《馬比諾吉昂》第一分支的「女英雄」里安農也遭到了虐待和羞辱。她從故事第一次出現時，穿著閃閃發光的金色衣服，就表現出了明顯的超自然身分；她的坐騎是一匹光彩耀眼的白馬，顏色也暴露了異世界的來歷。在里安農的可見外在性格之下，藏著潛在的神性：在她的婚禮上，她將珍貴的珠寶分贈給每位賓客，從而扮演了慷慨給予的主權女神角色。當里安農被人陷害，遭受殺子、吃屍的錯誤指控時，不得不扮演一匹負重馱馬的角色，背著訪客在宮門之間往返。她所受到的怪異懲罰可能指向里安農神話中的另一段，很可能是更早的傳說，這種傳說將她認定為一位馬之女神。

「女孩，」他問道，「妳是否還是一名處女？」「據我所知，是的。」於是他拿出自己的魔杖，將它彎折了一下放在地上。「從上面跨過去，」他說，「如果妳還是處子之身，我就會知道的。」於是她跨過了魔杖，在那一瞬間，從她兩腿間落下了一個長著茂密金髮的男孩。男孩大叫了一聲。聽到這聲叫喊後，她便朝門口走去，在那裡又生下了一個小小的東西。不待其他任何人反應過來，格溫蒂昂就一把抓起這個小東西，把他用一條絲綢包住，藏了起來。

—————————————————— 《馬比諾吉昂》第四分支

《馬比諾吉昂》第四分支通常被稱為「馬斯」，裡面充滿

了魔法的元素；這個神話故事中占主導地位的兩個女人都有缺陷、負面的形象：阿麗安蘿德和布蘿黛維，一個是萊伊的母親，一個則是他的妻子。阿麗安蘿德的不貞和她對兒子的殘忍，又因故事附加的隱藏面而更加複雜化。因為馬斯用來測試童貞的魔杖幾乎可以肯定是男性生殖器的象徵，暗示著阿麗安蘿德與她的舅舅馬斯發生過性關係，並懷上了他的孩子。這也許可以解釋，她為什麼要試圖禁止萊伊獲得任何結婚生子的機會。但在凱爾特神話中，亂倫生下的孩子並不僅反映了羞恥，也標誌著英雄的身分。就像在希臘羅馬神話中，亂倫在眾神間相當普遍，而在這種關係中孕育的後代都很特別，受到眾神的祝福。馬斯和阿麗安蘿德幾乎可以肯定是偽裝成凡人的神靈：馬斯的神奇力量宣告了這一點，而阿麗安蘿德的名字「銀輪」是天體的別稱，指的很可能是月亮。

萊伊生命中另一個有缺陷的女人是布蘿黛維。她是從花朵變出來的「人造」妻子，但用來製造她的花種（金雀花、橡樹花和繡線菊）意謂深長，因為黃色金雀花是威爾斯和愛爾蘭神話常用的明喻，用來形容年輕處女的頭髮；橡樹花和繡線菊的花瓣都是白色的，象徵著純潔。這使得布蘿黛維的不忠頗具諷刺意謂，但由於她的非人屬性，這也幾乎是意料之中：她是一個肆意妄為、沒有道德的靈性生物，在某種程度上相當於瑪麗・雪萊（Mary Shelley）筆下的怪物「科學怪人」（Frankenstein），或者史丹利・庫柏力克（Stanley Kubrick）電影《2001太空漫遊》（*2001: A Space Odyssey*）的機器人電腦。布蘿黛維的創造者格溫蒂昂後來又親手摧毀了她，但由於她不是人類，她無法被殺

死，因此他的魔法造物注定將永遠在世界上遊蕩，但不再以一個女人的形態，而是變成了一隻貓頭鷹，是夜晚、悲傷和邪惡的象徵。

神話文本與考古學中的早期女神 ○

考古紀錄或古典作家所記載的凱爾特有很多女神留下的標誌，都與後來在愛爾蘭和威爾斯神話中發現的超自然女性有明顯的相似之處。有些異常嗜血，揮舞武器，要求活人獻祭。還有一些看似強權，但本質是和平的。早期的凱爾特女神與她們的神話姐妹一樣，通常與動物關係親密，無論是馬、狗或鳥。這種豐沛的、甚至是間接的血統，在愛爾蘭神話的女戰士上尤其明顯，如梅芙和摩莉甘，她們都跟隨早期不列顛和高盧崇拜的女戰神的腳步。

安達塔

3 世紀作家卡西烏斯·狄奧（Cassius Dio）寫道，布狄卡（Boudica）曾向女神安達塔（Andraste）懇求，請女神幫助她在西元 60 年的不列顛戰勝羅馬人。只有活人的血液才能安撫安達塔的怒火，她讓一隻野兔奔跑的方向，向這位愛西尼（Iceni）反抗者的女王表明了安達塔站在反抗軍這方。

儘管布狄卡獲知徵兆，但她和軍隊最終還是戰敗了，不過他

們也摧毀了三座羅馬城市和半個羅馬軍團。在英國古代的圖像紀錄中，並沒有留下任何安達塔的具體形象。不過，一般的女戰神形象還是有被描繪下來。位於今日的雷恩（Rennes）附近，高盧北部的雷東尼人（Redones）曾經發行一些硬幣，圖案是一個頭髮蓬亂的裸女騎在馬上，揮舞著武器向敵人尖叫。

一位志留女神

西元 3 世紀，有位信徒曾在志留人的首府，威爾斯南部的喀爾文特，為當地女神立了座小砂岩雕像（見下圖）。這個部落在羅馬收服不列顛南部其他地區後，仍頑強地反抗了羅馬統治許多年，直到西元 75 年左右，羅馬軍隊在附近的卡爾雷昂常設軍團駐地，志留人才被征服。這座石雕可能曾供奉於神廟

在喀爾文特發現的砂石女神坐像，女神手持莓果和紫杉葉。

裡，也許曾靠近喀爾文特城的羅馬市集和市政廳附近。

　　這位女神的名字不詳，但塑像的人還是提供了一些有關她的訊息。她坐在一張高背椅上，指出了她的高貴地位。她手持一顆水果或一小塊麵包，還有看似松樹枝葉的物品——也可能代表象徵著長壽和重生的紫杉葉，因為紫杉能從樹幹內自我再生。如果真是紫杉，那麼這座雕像可能與愛爾蘭愛神奧恩古斯的神靈戀人凱雅有關。

那瑟斯與尼哈勒尼亞

　　西元 1 世紀末，古羅馬史學家塔西佗（Cornelius Tacitus）寫了《編年史》（Annals），書裡描述日耳曼人有種崇拜豐饒女神的年度儀式，女神的名字是那瑟斯（Nerthus），聖所坐落於聖島上的一片聖林之中。為了籌備節慶，所有鐵器都必須藏起來。女神乘坐蓋了布的馬車，馬車繞著她的原野行駛——這種儀式讓人想起今日英國教區仍會進行的「巡視邊界」（beating the bounds）習俗。除了女神的祭司之外，任何人都不可以觸摸馬車或是蓋布。隨後，載著女神的馬車在返回聖殿前，女神和馬車都要在聖湖洗淨，執行這項工作的是兩個奴隸，但他們摸了太過神聖之物，也就不能活命了，因而在儀式中就被淹死在那瑟斯的湖裡。儘管那瑟斯本質上是善良的女神，為她的農耕聚落帶來豐收，但她也有黑暗面，要求她的信徒必須活祭。

　　尼哈勒尼亞（Nehalennia）與那瑟斯一樣，也是一位北方女神：她屬於居住在今荷蘭北海海岸附近的凱爾特—日耳曼人。

她的職能是保護往返於英國和荷蘭之間運送貨物的水手。儘管古代文獻找不到相關記載，但從海水侵蝕淹沒的神廟找到大量倖存石雕和銘文，可以推斷出她的身分。

　　與尼哈勒尼亞經常相連的意象是海洋和慷慨，前者如船隻或舵槳，後者則有滿籃的水果和麵包。常有一隻大獵犬伴著她，在紀念雕塑上始終依偎在她身旁，顯然是她角色的一部分。狗表示女神具有監護屬性，也可以指向她有醫神的另一角色。古希臘醫神阿斯克勒庇俄斯（Asclepius）與狗也有密切關聯：他位於埃皮達魯斯（Epidaurus）的聖所養著許多動物，因為牠們具有感知能力，可以用唾液醫治前來祈求幫助的病人。

奧地利斯特雷特韋格（Strettweg）發現的西元前 7 世紀的青銅祭禮車，上面有鹿、獵人、騎士，中央是舉著一碗供品的大女神。

布列塔尼的鵝女神

在雷恩附近的迪內奧爾（Dinéault）發現了一座大型鐵器時代晚期的青銅像，是一位年輕的女戰神形象。銅像已被毀壞，倖存下來的只有頭、手臂和腳，但她的右手手指蜷曲，就像握著長矛一樣。她頭戴頭盔，上面有一隻鵝，鵝的長頸凶猛地向前伸著，似乎要攻擊面前的敵人。雕像描繪的可能是當地的保護女神，很可能是部落的門神。鵝以領地的保護欲和警覺性而聞名，牠們會示警，趕走覬覦財物的入侵者。在鐵器時代的社群，這些禽類被尊為戰爭的偶像，有時牠們的屍體會和戰士一起埋葬。古德斯特拉普大鍋也有戴著鳥冠頭盔的騎手圖像，這些鳥可能是鵝——也可能是渡鴉，都與凱爾特神話中的戰爭形象特別有所連結。

在布列塔尼地區迪內奧爾發現了一座鐵器時代晚期的鵝女神青銅像。

8

土地和水：
神靈的騷動

三天後，瓦薩赫告訴庫胡林說，如果他真的想學習如何創造英雄事蹟，他必須去斯卡塔赫正在教她的兩個兒子庫哈爾（Cúar）和卡特（Cat）的地方，用他特有的「鮭魚跳躍」，跳到她在其中休息的那棵大紫杉上。

———————————————————————— 《劫掠庫林之牛》

　　凱爾特神話講述的許多故事，都試圖解釋世界和自然現象。自然景觀的每一處都潛藏著神靈。每座山、每片湖、每條溪流、每個沼澤和每棵樹都有一股生命力，它的起源就在超自然世界。這概念很像羅馬人的信仰，每個地方都有一位地方神（genius loci）。對於凱爾特人來說，土地遍布神靈的觀念深植於人們的意識之中，他們的神話有一個重要突出的概念（特別是愛爾蘭）：國王的權力仰賴主權女神，主權女神是這片國土本身的人格化，只有當她接受了國王、嫁給他，他才能成功地統治國家（參見第 207 頁）。

生死之樹 ○

迷信的當地人認為，地面經常震動，地下隱藏的洞穴裡會發出呻吟，
紫杉被連根拔起，然後又奇蹟般地重新種回地上，有時蛇盤繞在橡樹
上，橡樹上閃著火光卻沒有燃燒。除了祭司，沒有人敢進入這片樹林；
甚至祭司也不會在中午、黃昏和黎明之間進入 —— 因為他怕神在這種時
候可能不在。

———盧坎（Lucan）《法薩里亞》（*Pharsalia*）第 3 卷，第 417-422 行

17-18 世紀繪畫，題材是普林尼描述德魯伊的「橡樹與槲寄生」儀式。

在古代愛爾蘭，橡樹、紫杉、梣樹和榛樹特別受到尊崇。其中，橡樹似乎是最神聖的，可能是因為巨大和長壽（就像紫杉一樣）。即使到了今天，橡樹仍在鄉村景觀占有重要地位，很容易在一個沒有大型建築和城鎮的世界裡見到橡樹叢生，這種樹已成為愛爾蘭和威爾斯神聖景觀不可或缺的一部分。

最早提到橡樹的宗教意義，是 1 世紀時古羅馬作家老普林尼（Pliny the Elder）編撰的《自然史》（*Natural History*），他在書中描述高盧的德魯伊儀式，是繞著所有樹木中最神聖的瓦洛尼亞橡樹（Vallonia Oak）展開。他描寫德魯伊如何在盈月第 6 天爬上橡樹，砍下長在橡樹上的槲寄生，用白布包著。同時獻祭兩頭白公牛，用槲寄生的葉子和漿果製成的藥水可以奇蹟般地治癒所有疾病，使不育的動物變得多產。

對古代德魯伊來說，橡樹具有特別的地位，是神奇的寄生植物槲寄生的宿主，槲寄生像明亮的綠球一樣，在看似已死的冬木上生長，黏稠的白色漿果象徵月亮，而黏稠的汁液像是精液一樣。橡樹的神聖意義貫穿許多愛爾蘭和威爾斯神話。在古典希臘神話中，橡樹則與天神有關；這種關聯也在威爾斯光明之神萊伊的故事呈現，萊伊受到攻擊後變成了一隻鵰，就棲在橡樹上。

根據愛爾蘭與王權有關的神話傳統，橡樹位於國王登基典禮舉行之處的集會中心，如位於米斯郡（Co. Meath）的塔拉、位於阿馬郡的艾汶瑪卡。在傳說故事集《地方史》中，樹木（尤其是橡樹）被認為是智慧的源泉（這與「德魯伊」的詞源有關，「德魯伊」有「橡樹的智慧」之意）。我們已經看到，神祕的

艾汶瑪卡王室所在地有個巨大的圓形橡木結構；它的中心是根高聳的巨木，在好幾英里之外都能看見。它一定代表著一棵活生生的神聖橡樹。

槲寄生的治療作用

1984 年在柴郡林多沼澤的泥炭沼澤發現了一名年輕人，他是 1 世紀獻給眾神的活祭。他的頭部受到殘暴的重擊，喉嚨被割開。他的軟組織被保存下來（參見第 242 頁圖片），因為遺體一直在沼澤中，身處潮濕、無空氣的環境下，所以可以檢查他的胃內容物。人們發現他吃了一種由各種穀物和種子製成的特殊烤麵包或是烤餅，但其中還包括一種罕見的原料：槲寄生的花粉。這會不會是一種神聖的食物，讓活祭的人吃下，用來淨化他以獻給靈性世界，或是作為一種象徵性的治療藥劑，讓他得以順暢地進入異世界？

雖然槲寄生通常被認為具有毒性，但現存的大量驚人證據證明它也具有療效。根據《泰晤士報》（The Times）2012 年的報導，患有白血病的前英格蘭板球運動員約翰·埃德里奇（John Edrich），在亞伯丁（Aberdeen）的癌症專家每週為他注射兩次槲寄生製劑之後，生活品質和預期壽命都有大幅提升。顯然，這種植物具有增強人體免疫力的特性，目前醫學界正在研究其他癌症患者是否可以從類似治療中獲益。

威爾斯的魔法橡樹

兩湖之間長著一棵橡樹，
天空和山谷幽深漆黑。
如果我沒弄錯的話
這都是因為萊伊的花兒。

橡樹長在高高的平原上，
雨水不能打濕，酷暑不能融化；
它支撐著一個擁有九重屬性的人。
在它之頂則是萊伊‧勞‧吉費斯。

——————————《馬比諾吉昂》第四分支，格溫蒂昂唱給萊伊的歌謠

　　萊伊‧勞‧吉費斯是《馬比諾吉昂》第四分支的主角。故事裡有段很有意思的插曲，它圍繞著一棵神奇的橡樹展開。當萊伊遭受來自妻子布蘿黛維情夫的致命傷害時，他發出一聲怪異非凡的尖叫，變成一隻鵰，飛到空中消失不見了。萊伊的舅舅格溫蒂昂一直保護著他的外甥，對萊伊的失蹤百思不解，他在威爾斯中部四處遊蕩，尋找萊伊。一天晚上，他來到一戶農家過夜。

　　這戶農家的養豬人遇到了麻煩，每天晚上他照顧的母豬都會消失不見。第二天，格溫蒂昂出發去找母豬；發現牠會跑到一棵橡樹下停下來，在那裡吞食蛆蟲和腐肉。樹上有隻鵰，每當牠搖動羽毛時，樹頂就會如下雨般落下一陣蛆蟲和腐肉碎片。格溫蒂昂意識到這隻鵰就是他的外甥萊伊變的，於是對著他唱

了三個不同版本的「englyn」（一種有魔力的詩歌）誘使他下來。

歌中提到鵰棲息的橡樹，還提到「萊伊之花」，顯然是指他那由花變成的妻子布蘿黛維。這首詩的第三節結束後，鵰就飛下來落在格溫蒂昂的膝上；魔法師用魔杖對老鷹施了咒語，萊伊變回了人形。但腐肉和蛆蟲把萊伊折磨得不輕：這個不幸的人已經瘦得剩下皮包骨。萊伊經過一年的治療和休養，最終康復了。

橡樹在這則威爾斯神話的作用並不那麼顯而易見，但它似乎有守護者的作用，讓受傷的萊伊能駐留在一棵高聳入雲的樹上，懸停在生死之間，直到他獲救、恢復為人。鵰可能代表了亡者釋放出來的靈魂，靈魂被囚禁在一種邊界狀態之中，無法進入亡者的世界。

神聖的樹林

古典世界的文獻和鑄幣上的銘文都可以證明，古代高盧地區有崇拜樹木的習俗，因為某些部落的名字就反映了與樹木的象徵。厄勃隆尼斯人（Eburones）的意思是「紫杉部落」，萊摩維斯人（Lemovices）的意思則是「榆樹民族」。凱爾特—高盧和不列顛在被羅馬征服之前，樹林有著特別的神聖意謂。塔西佗、盧坎和其他作家都提到過高盧—不列顛的聖林，有神靈潛藏其中，族人會向這些神靈獻上人祭。不列顛女王布狄卡用來占卜安達塔女神意志的那隻野兔，也是在一片樹林中被釋放的。

水之神話 ○

提爾納諾（Tir na n'og），青春之地，像極樂世界（Elysium）一樣甜美，
像涅槃（Nirvana）一樣生動，像英靈殿（Valhalla）一樣令人嚮往，
像伊甸園（Eden）一樣鬱鬱蔥蔥，陽光普照。所有的靈魂都嚮往獲得
這個永恆的天堂，每當大西洋的一個浪頭，即一匹「白馬」，擊打到
青春之地的海岸上時，就有一個靈魂被允許進入這裡。

——芬恩故事群

　　考慮到愛爾蘭人以海島為家，他們崇拜海神也就不足為
奇了。海神的名字叫做曼納南・麥克・李爾（Manannán mac
Lir），意思是「海洋之子」。威爾斯也有一位對應的神，名
字還很像：他是席爾之子，名叫馬納威丹。不過我們對愛爾蘭
的海神瞭解較多。因為他的海洋領地包圍著愛爾蘭，所以曼納
南被尊為愛爾蘭的守護者。他與一則「快樂異世界」的神話尤
其相關，這個快樂的異世界是在遙遠的海島之上。7 世紀作品
《布蘭的航行》（The Voyage of Bran）講述，一個凡人被海水
傳來的甜美音樂引誘到這些島嶼。英雄布蘭帶著他的 3 個養兄
弟和 27 名戰士啟程前往該島。布蘭在海上航行時遇見了曼納
南，他搭乘的海上戰車是由洶湧大海的「白馬」所拉。曼納南
穿著魔法斗篷，就像大海般閃閃發光、波光粼粼。

　　愛爾蘭的曼納南及威爾斯的馬納威丹，不僅是海神，也掌管
魔法、智慧、詭計和工藝。愛爾蘭海神幫助愛爾蘭的光明之神
魯訶打敗了凶惡的佛摩爾人。他用魔法造了一艘沒有槳帆，全
靠船員意念操控的船隻；一匹在海上也能像在陸上疾馳的快馬；

波安的河流

有鑑於神話的一個關鍵功能，就是解釋自然世界的特徵，那麼在不列顛和愛爾蘭的主要河流周圍都縈繞著許多傳說也就不足為奇了，大多河流都被賦予了女性的身分。在不列顛，羅馬—不列顛人將泰晤士河擬人化為坦米西斯（Tamesis）女神，將塞文河化身為薩布里娜（Sabrina）。在北方，韋比亞（Verbeia）是華福河（River Wharfe）的女神。愛爾蘭神話最著名的河流是偉大的博因河，以女神波安的名字命名。

波安的故事在《地方史》這本地誌學有所記載。在某個層面上，這個故事解讀的異教濫交和女性任性，是置於人們熟悉的基督教主題脈絡之下。波安女神是水神涅赫坦的妻子，她背叛了丈夫。涅赫坦有一口井，禁止波安靠近。與很多類似的禁忌或禁令一樣，這條禁令也被打破了；波安違背了丈夫的禁令，憤怒的涅赫坦讓井水翻滾沸騰，將波安吞沒，於是她就成了博因河。在另一個故事中，波安與愛爾蘭最偉大的神達格達私通，生下了愛神奧恩古斯。

高盧的塞納河女神賽奎安娜青銅立像。

在愛爾蘭德里郡（Co. Derry）的布里奧特（Broighter）發現了西元前 1 世紀的模型金船。

還有佛拉格拉克（Fragarach），一把能刺穿任何盔甲的利劍。
威爾斯神話的馬納威丹，同樣也是多才多藝：他的主要角色是
位具有魔力的鐵匠和農夫。也許，在馬納威丹的這些特殊屬性
中，我們可以瞥見一個非常初期的創始神話，它試圖解釋種植
和鍛造的起源。

水的力量：天鵝湖

德拉瓦拉（Derravaragh）孤獨的碧波之上，
這片水域將是你多年的家園，
現在即使是李爾或德魯伊的力量都無法拯救你，
你注定要在無盡的孤獨泡沫上遊蕩。

—— 《侵略之書》

　　在愛爾蘭神話中，年輕少女在湖中變成天鵝是一個永恆的主題，水域似乎可確保變形成功。奧恩古斯和天鵝少女凱雅的故事就是最好的例子（參見第 84-85 頁）。另一則故事和海神曼納南有關。他後來又娶了一個妻子，叫做伊娃（Eva），成為他孩子們的邪惡的繼母。伊娃出於嫉妒，用魔法將孩子們變成了天鵝：她先是將他們誘騙到湖邊，然後在一位德魯伊的幫助下完成了變形法術。

　　曼納南那些變成天鵝的孩子們要想重獲人形，首先需要在三個不同地方各待上 300 年。然而這樣還不夠，還要北方王子迎娶一位來自南愛爾蘭王室的女孩，並讓他們聽到婚禮的鐘聲，詛咒才會解除。這兩個條件意謂深長：婚姻象徵著愛爾蘭南北的聯合，或許特別象徵著阿爾斯特和康納赫特之間的敵對結束；鐘聲則是基督教的「聲音」，標誌著異教的終結，人民改信新的基督一神教。可惜的是這個故事的結局並不圓滿。儘管天鵝孩子身上的咒語最終被解除了，但他們變回人形時已相當蒼老，幾乎瞬間就死去了。一位名叫科爾默克（Kemoc）的牧師為他們舉行了基督教葬禮。

「阿努之乳」（Paps of Anu），位於凱里郡（Co. Kerry）的拉什莫爾（Rathmore），當地人認為這兩座山峰是早期愛爾蘭神話創始女神阿努的雙乳。

主權、神聖王權和土地 ○

　　愛爾蘭神話反覆出現的一個強力意象，就是將愛爾蘭人格化為一位女神。成對的山丘被稱為「摩莉甘之乳房」「阿努之乳」或「達努之乳」。要想讓這片土地繁榮，女神和愛爾蘭國王之間必須舉行一場儀式婚姻。如果世俗統治者慷慨大方，土地就會興旺；如果他小氣吝嗇，神靈將收回她的善意護佑，而土地將會失去活力，直到新國王登基。

　　女神表達自己對新國王的認可方式，是遞給他一杯酒，象徵她的允諾，她將會賦予愛爾蘭繁盛和富足。愛爾蘭的命名女神愛麗尤就是這樣一位授酒神靈。另一位則是康納赫特的女王及女神梅芙（就像梅芙的字面意思「醉人之女」所暗示的那樣）：她曾與 9 位凡人國王成婚，因而遭受基督教編年史家的譴責。

高盧—羅馬的伴侶神

在高盧當地信仰的異教圖像紀錄裡，反覆出現一種浮雕組合是由一男一女並肩站立。他們呈現出地位平等的夥伴關係，尺寸也相同。旁邊的銘文指出，男性通常有羅馬名字，女性的名字則是當地語言，有時還與本地的河流或其他地貌特徵相關，彷彿她的身分與這些本地事物相連。兩對廣受崇敬的高盧神就是如此：一對是墨丘利和羅斯默塔，另一對則是阿波羅和希羅納（Sirona）。這種命名的規則似乎暗示著，植根於大地的是女神，而男神則具有更加靈活而多變的特性，並被認為是外來的。

羅斯默塔的名字可以譯為「好的供給者」，使她的屬性與愛爾蘭的主權女神一致。她的形象經常帶有土地肥沃繁盛的象徵：比如一枚豐饒之角，或一個長杆上的房子模型，可能代表溫暖舒適的家宅。希羅納的意思是「星星」，儘管這個名字似乎暗示她是天神，但她的形象和背景卻表明她更是一位療癒女神。描繪阿波羅和希羅納的石刻和銅雕，與高盧人的溫泉療養所有關。阿波羅既是療癒者，又是光明之神，因此希羅納與他的配對很相配。

在法國南部格拉諾姆（Glanum）發現了高盧—羅馬的墨丘利與羅斯默塔石刻。

與母馬結合

1185 年，威爾斯的杰羅德（Gerald of Wales）記錄了中世紀阿爾斯特新任統治者舉行的神聖王權登基儀式。奇怪的是，凡人國王和主權女神之間的神話婚姻被賦予了新情節，因為在杰羅德的記載中，這一象徵性的結合是由人類國王和一匹白色母馬完成的。在「婚禮」上，國王扮演了種馬的角色。不過婚禮結束後母馬就被殺死，她的肉被投入大鍋烹煮。杰羅德描繪了一幅有些恐怖的畫面：當選的國王在裝有母馬肉湯的大鍋中沐浴，把他新晉的「王后」殘骸吃下肚。

這個故事很可能是杜撰的，或是被基督教編年史家加油添醋渲染一番。但它暗示了在更早的時期，馬和主權女神之間的關聯：瑪卡與馬有著很強的連結；而在威爾斯，我們可能會從《馬比諾吉昂》第一分支讀出一個隱含的神聖王權故事，當阿爾伯思領主普伊爾第一眼看到他的王后里安農時，她正騎著一匹閃閃發光的白色母馬。

然而，在異教的脈絡下，她的「濫交」卻是土地持續肥沃多產的保證。

這種人與神結合的體系，在愛爾蘭傳統中被稱為「神聖王權」，它構成了早期愛爾蘭神話文本的基石。這個「神聖王權」的概念與後來不列顛「君權神授」的觀念相去並不遠；「君權神授」是由教會為君主塗油，視為獲得了神的認可，但如果國王治理不賢明，神的許可也可能被廢止。

神聖王權的根源可能存在於宗教象徵之中，這可以追溯到

西歐的羅馬時代，當時就有一些雕塑描繪了神聖眷屬：女子身上帶有豐產的標誌，如豐饒之角；而男子則手持杯子或小壺。在法國南部格拉諾姆的一座石雕上，可以很清楚地看到這一點（參見第 208 頁插圖）。

祖先的風景和衝突的過往　○

很久以前，在埃立琳（Erin）這片土地上，當達南族被米利西恩人（Milesians）擊敗時，不得不隱退到山中，他們在山丘內建立巨大的宮殿。

———————————————————————《侵略之書》

　　神靈住在另一個實體異世界，是愛爾蘭神話瀰漫的觀念。這個無形的國度位於不同地方，範圍包括島嶼在內，可以透過不同的方式進入（穿過海洋，或是通過河流或洞穴）。位於異世界的中心是「仙丘」的大土堆，這裡是神話裡眾神的居所。實際上可能發生過這樣的事情：一些愛爾蘭新石器時代的古老通道式墳墓，如紐格萊奇和諾斯（Knowth）等，被後來的人們當成了「仙丘」；它們的建造時間要比中世紀的神話文獻早上幾千年。很容易看出為什麼會有這樣的關聯，因為古代的墓葬，特別是博因河谷的墳墓，都是一些令人印象深刻的景觀。它們不僅巨大而醒目，而且裝飾性很強，彷彿真的是古神的居所一般。

在冬至期間，愛爾蘭米斯郡紐格萊奇新石器時代墓葬入口處的「頂箱」。

　　最初的建造者建立一座由白色石英製成的閃亮外牆，牆面點綴著黑色花崗閃長岩，形成了閃爍耀眼、色彩變幻的視覺效果。在這些巨大的石葬內部，是一些鑲嵌著奇怪圖案的石板。紐格萊奇有一個精心設計的「頂箱」，在入口的屋頂下有條縫隙，冬至時的黎明陽光會一路灑進通道，射入盡頭的房間，就好像在用明亮的陽光召喚亡者回來似的。這些神奇的古蹟會被認為是神靈所造，而非出自人類祖先的雙手所為，也算是情有可原。

塔拉

　　位於米斯郡塔拉的王室集會地充滿了神話色彩。傳說中的國王和歷史上的國王據說都曾在這裡舉行登基典禮。塔拉的神話傳說和現實歷史的證據記載於中世紀的文獻，包括 8 至 12 世紀的散文體神話故事，以及法律文書等早期歷史文獻。

　　塔拉在考古學上有著重要意義，這裡有一系列古老的古蹟建築。但其中最引人注目的是作為愛爾蘭重要國王登基的儀式中心，該地會成為國王登基地點，是因為它有中世紀早期之前幾千年來的愛爾蘭神話世界景觀。這個儀式舉行地包含史前墓葬、橫木、長長的堤防和立石，所有這些都被編織進傳說之中。塔拉的第一個圍場可追溯到西元前 4,000 年，之後就是新石器時代晚期的通道式墳墓（類似紐格萊奇），如「人質之丘」（Mound of the Hostages）。青銅時代的聚落在這裡修建了圓形墳塚，也在這裡存放黃金和寶藏。

命運之石 ○

　　在中世紀初期，這些史前的地標被重修了，並納入當時的紀念碑中，從而將中世紀的儀式地景與遺址的「神話—歷史」時代相連在一起。「命運之石」就是這些複雜造物之一，它是一塊直立巨石，在國王登基典禮的神話中，它作為「尖叫的石頭」被賦予了重要的地位（如果合法的新國王觸摸了它，石頭立刻

塔拉的王室遺產

將塔拉和史傳一位早期國王相連的確鑿考古證據，是在那裡發現了一枚歐甘文（ogham）石刻葬禮銘文。歐甘文是一種愛爾蘭的線性文字，在垂直線上列著成組的水平筆劃，每種筆劃組合構成一個字母。這塊墓碑是為了紀念麥克・凱爾辛（Mac Caírthinn），他是萊因斯特的早期國王，他的名字也出現在 7 世紀一份法律文書。

著名的中世紀初期「塔拉」考古發現之一，就是所謂的「塔拉胸針」──實際上，它不是在塔拉出土，而是在附近的貝提斯頓（Bettystown）發現。這件鍍金的銀飾有一枚環形胸針，上面鑲嵌著玻璃、琺瑯和琥珀，外面還刻字與金銀絲鑲嵌的裝飾，直徑有 4.6 公分，顯然是作為披風扣之用，使用者的地位極高。這件獨特的美麗飾品，可曾裝飾過塔拉國王的斗篷？

米斯郡王室集會地塔拉的鳥瞰圖。圖中古蹟建於新石器時代和青銅時代。

就會發出一聲大叫）。

康奈爾·摩爾是傳說中的一位愛爾蘭國王。他與其他國王一樣，必須經過一系列考驗，才能證明自己是一名合適的統治者：首先需要登上一輛戰車，如果他不是王位的合法繼承者，戰車就會立即傾覆，車上拴著的馬匹也會攻擊他。王位候選人還必須穿上一件放在戰車內的斗篷：如果他不是合法的國王，斗篷就會太大件。接下來，康奈爾要駕車穿過兩塊石頭之間；如果他不被接受，石頭間的距離會變小，讓他只能從一旁繞過。最後，「命運之石」就在行車路線的盡頭，等著合法國王的車轅經過時，發出刺耳的尖叫聲。這塊石頭顯然是男性陽具的象徵，象徵著合法統治者有權與主權女神結合，使土地繁榮。

位於愛爾蘭米斯郡塔拉山上的立石，被稱為「命運之石」。

季節性儀式 ○

「所有在這個國度旅行的人，」她說道，「都會在夏天走入盡頭的薩
溫節，到春天剛剛到來、小羊開始吃奶的英勃克節（Imbolc）之間；
在英勃克節到夏天來臨時的貝爾蒂節（Beltine）之間；在貝爾蒂節到
大地悲傷之秋的盧格納薩多節（Lughnasadh）之間無法入眠。」

—— 《劫掠庫林之牛》

在地球上所有的溫帶地區，人們都會感受到一年四季的變
化，並加以慶祝、賦予神聖性。從基督教的復活節，到昔德蘭
（Shetland）地區 I 月舉行的維京火把節，季節在鄉村生活中
扮演著重要的角色，在農耕社群尤為如此。在凱爾特的愛爾
蘭，四個主要的季節性儀式標誌著一年中農耕和畜牧活動的不
同階段。人們會在 IO 月底或 II 月初慶祝薩溫節，它是凱爾特
曆法中新年和舊年的分界點。薩溫節與從它演化而來的萬聖節
一樣，是「存在之外」的危險時期，那時整個世界會停滯不動，
各種神靈離開了異世界的家園，在活人的世界遊蕩。

薩溫節起源於畜牧曆，可能與人們的過冬準備有關，人們會
將牛羊從開放牧場趕到一處，選擇宰殺其中一些，而將另一些
集中飼養繁殖。薩溫節與塔拉有著密切相關，許多集會和國王
登基儀式都選擇在這個神聖而危險的時刻舉行，這樣他們就能
受到漫遊的神靈的祝福。

初春的節日是英勃克節：人們在 2 月初慶祝，這與羊群生小
羊和產奶有關。「英勃克」（Imbolc）一詞的意思是淨化或清
洗，這可能與牛奶潔白的顏色有關，但也可能與經過冬季的密

集飼養後，動物需要做健康檢查有關，此時正是傳染病好發的環境和季節。英勃克節特別與掌管奶、乳製品的愛爾蘭異教女神布麗姬（Brigit）有關。布麗姬在基督教早期被轉成了聖布麗姬，但她仍然保留著牛奶、牛油和鮮奶油的生產責任。

另外兩個凱爾特節日標示夏季的開始和結束。朔火節或貝爾蒂節是火節，和許多崇拜太陽的儀式一樣，慶祝這個節日既是為了感謝溫暖的天氣和陽光的到來，也是為了祈求太陽能返回使莊稼成熟。朔火節的慶祝儀式於 5 月 1 日在愛爾蘭和蘇格蘭舉行。德魯伊會在塔拉等聖地點燃火焰，把牛群趕到成對的火堆之間淨化。這是一種儀式，但也有燒掉死皮和殺死寄生蟲的實際作用。

根據中世紀愛爾蘭的文本，第一個點燃朔火節火焰的德魯伊名叫彌德（Mide）。他的火焰傳遍了愛爾蘭，因此引起其他德魯伊的嫉妒和憤怒。彌德的反擊之道是割下敵人的舌頭並燒掉，讓他們失去講話的能力，並再也不能對他下詛咒或施咒語。威爾斯神話傳統中也隱含一個關於朔火節的情節，因為神奇的事情總是在每年的這個時候發生：例如，里安農和普伊爾的兒子皮德瑞就是在五朔節前夜從母親身邊消失，並在遙遠的昆特—伊斯科伊領主泰爾農家中奇蹟般地重現。

最後一個季節性節日是盧格納薩多節，它是在 8 月份慶祝的，標誌著夏季的結束和收穫季節。顧名思義，這個夏末儀式與光之神、工藝之神魯訶有關，盧格納薩多就是他為了紀念母親泰爾圖（Tailtu）而創立的。和薩溫節一樣，塔拉和艾汶瑪卡等王室宮廷的重要儀式和政治集會，也經常選擇在這個節慶

古代高盧曆法

1897 年，人們在法國中部城市科利尼北邊的田地裡發現了一大塊銅板殘片。這些碎片是一部五年期的大型農曆禮儀書，用羅馬文字寫成，年代或許可以追溯到西元 1 至 3 世紀，但使用的語言卻是高盧語。日曆列出了祭祀日和其他神聖事件的時間，並根據月亮的圓缺將每個 28 天的月份劃分為兩個 14 天週期：前 14 天是最活躍的，用高盧詞「Atenoux」與後 14 天隔開。銘文中最重要的詞是薩蒙尼奧節，它與薩溫節是同義詞。這表明凱爾特節日並不僅限於西歐凱爾特人居住的邊緣地區，這些節日最初曾在高盧等更廣泛的地區慶祝。科利尼曆是一個珍貴、神聖的物品，用於預測自然事件和計畫宗教慶典。那麼為什麼它會被故意打成碎片、掩埋起來

科利尼曆的一部分，來自法國的安省（Ain）。

呢？也許它已經被廢止不用了，但是由於上面的靈性力量太強大，製作它的金屬無法被熔化和再利用。也有可能，破碎的殘片是一場迫害的結果，當地神職人員在巨大的威脅面前，認為需要保守住日曆中的祕密，使其無法被閱讀（就像我們今天剪碎信用卡，是為了避免洩露個資一樣）。

期間舉行。所有這些季節性儀式都有個共同點，就是它們都在慶祝季節的轉換、常被認為是危險的過程，因為變化總是充滿危險，並且受到一群反覆無常的神靈所影響，而這些神靈的力量需要得到尊重和控制。

　　當代英國和整個西方世界直到今天仍在慶祝與古老凱爾特農事節相對應的節慶。人們仍然知道五朔節（May Day）——威爾斯稱為「卡蘭麥」（Calan Mai）。豐收節是基督教會曆法中的重要節慶。萬聖節（以及基督教的萬靈節）標誌著冬季黑暗的到來，正好與薩溫節同時。也許只有英勃克節沒有保留下來。

9

天堂和地獄：
樂園與地下世界

人們最美的夢中都不曾有過如此樂土！
比你知道的最美之地都要美──
明媚的四季，時時都有豐盛的果實
和色彩最珍奇絢爛的花朵。

──────────芬恩故事群〈奧伊辛與永保青春的國度〉
(Oisin and the Land of Forever Young)

　　身為人類，就必須接受我們會死亡這個事實，以及探究我們死後會發生什麼的問題。死亡就是一切的終結嗎？還是我們可以期待有某種形式的來生？如果答案是肯定的，它是否與我們的所作所為有關？如果我們在此世一直做個好人，能期待在天堂得到獎賞嗎？邪惡的人會下地獄嗎？說到底，天堂和地獄究竟是什麼？在哪裡可以找到？我們的身體本身是否會以任何形式存續下去？我們會和親人在下一個世界團聚嗎？有鑑於人們對這些問題的普遍關注，可以預期，全世界各地神話的主要元素必然都包含了對各種「異世界」的描述。

　　在一些文化中，天堂和地獄與最美好和最惡劣的人類生活密

切相關。《聖經》的地獄充滿火焰，人們在其中要永受燒灼的折磨。但對古代北歐人來說，奧丁（Oðin）的宴會大廳「英靈殿」是溫暖的，而冥界則是永恆的寒冷，是個悲慘陰暗之地，被基奧爾河（River Gioll）隔絕在人類世界之外──這條河類似古希臘羅馬神話的冥河斯堤克斯河（River Styx）。基督教天堂觀念的核心是承諾將與上帝同在。而對於許多其他宗教傳統來說，一個美好來世包含了人類經驗所有最好的部分，卻全無它的邪惡汙穢。

對於凱爾特人來說，異世界的美妙之處在於它是一場永遠不會散場的派對，包括筵席、狩獵和遊戲競賽（異世界沒有類似天堂和地獄那樣兩個互相分離且對立的領域）。而不那麼吸引人的一面，則是其中有可能遇到充滿敵意的神靈和怪物，惡夢

後世想像中的高盧宴飲。

也在這裡潛滋暗長。那些仍屬於人類世界，卻膽敢穿越到異世界的活人（例如愛爾蘭英雄庫胡林和芬恩），遇到可怕事情的風險最大。對於凱爾特人來說，死後的生活需要你保留生前的身體，消化系統特別需要完好無損。否則，亡者該怎麼享用那些大塊的烤肉和大罐的美酒？

根據居住在斯堪地那維亞北部和西伯利亞的薩米人的傳統，亡者被認為住在一個地下世界，他們在那裡上下顛倒地走在活人的腳步上，與地球上的生命形成鏡像。它描繪了一幅異常迷人的死後生活畫面：人生前的身體在那裡得以保留，並與物質世界直接相連；然而，在那個平行的宇宙中，一切都是在字面意義上「上下顛倒」的，它的邊界幾乎只能從一個方向被滲透。這個異世界在人類世界中唯一的存在方式是借助神靈和薩滿，並且可以在特定的「斷層線」，如島嶼、急流、洞穴、岩石裂縫和成堆的石頭處進入，當地的社群經常會來到這些地方舉行獻祭。

薩米人對來世的看法，以及進入靈性世界的途徑，與凱爾特神話中關於死亡的信仰有許多共同之處。考古紀錄、古代文獻以及中世紀早期的愛爾蘭和威爾斯文本結合在一起，為我們展現出一個由死去的祖先和神靈居住的生動有形的異世界。甚至那些凡人用來接觸靈性世界的「進入點」也十分相似：它們都是景觀中很特別的地點，充溢著靈性之力。在凱爾特人對異世界的認知中，水扮演著關鍵角色，很可能是因為水面具有的反射特性，能複製世界的完整倒像。

正是在薩溫節這個秋冬交替之際，人類世界最容易受到來自

異世界住民的入侵：兩個世界之間的界限被暫停了，神靈可以徘徊於活人之間，為他們帶來有利或不利的影響，這取決於個別神靈的特徵。此時可怕的戰場女神們四處遊蕩，在河流的淺灘處清洗戰士的武器，預言誰將在戰場上死去（淺灘是兩個世界的通道象徵）。正是在薩溫節之際，也就是「存在之外」的時候，那些還活著的凱爾特英雄，比如芬恩和庫胡林，能夠以生者的形態進入亡者的世界。

色彩符碼 ○

他在這個世界所見過的所有獵犬中，從來沒有出現這樣的顏色——這群狗的皮毛潔白耀眼，耳朵卻是紅色的。身軀的白色和耳朵的紅色都閃爍著光芒。

———————————————— 《馬比諾吉昂》第一分支

　　那些來自異世界、介入活人世界的存在，經常會透過各種固定的編碼訊息暴露自己的身分，而聽神話故事的人對這些編碼都非常熟悉。我們已經提過其中最引人注目的一種編碼：色彩意象，特別是白色和紅色，有時是兩者的結合。愛爾蘭和威爾斯都有與屬於神靈的白色紅耳動物（特別是狗）相關的故事傳統。威爾斯異世界的亞倫文國王有一群紅耳朵的白色獵狗，在《馬比諾吉昂》開篇阿爾伯思領主普伊爾就遇到了牠們。說書人提及這樣的生物時，會立即讓聽眾全身遍布一種愉悅的恐怖

位於坎布里亞（Cumbria）大朗代爾谷（Great Langdale）的瀑布，湍急而下的水流被當地人視為異世界的入口。

　　快感，他們會坐在那裡，等待某種重大的災難事件發生。

　　在愛爾蘭神話中，白色野豬會從幽冥之界闖入毫無防備的凡俗世界，引誘人類獵人走向滅亡。在〈庫爾威奇與奧爾溫〉中，奧爾溫的父親要求庫爾威奇戰勝的神奇公豬圖夫圖茲就有著鋼鐵般閃亮的銀鬃。令人生畏的戰場女神摩莉甘，是以「紅色女人」形象在庫胡林面前現身，她有一頭紅頭髮、一雙紅眼睛，駕駛的戰車是由一條腿的紅馬（這種「絕無可能」的畸形本身也是異世界起源的標誌）所拉著。摩莉甘還以她的另一種化身

（沒有角的紅色小母牛）出現在庫胡林面前。色彩讓這些書面或口頭故事變得豐滿易感；它在人們腦海中喚起具體的意象，並傳遞了這樣的訊息：白色是死後鮮血流盡了的白骨和屍身的顏色；而紅色是血液與傷口的顏色。

　　視覺編碼的另一個例子是不同顏色的相間和映襯：條紋、散點或斑點。神聖的男女穿著色彩斑駁的衣服，象徵著他們的雙重歸屬：既屬於活人的世界，也屬於亡者的領域。愛爾蘭女先知菲迭姆就是這樣的角色，她在《劫掠庫林之牛》出現在梅芙女王面前，預言對方將會被庫胡林擊敗，就是穿著斑紋斗篷。與阿爾斯特國王科馬克比賽魔法力量的盲眼德魯伊莫吉·瑞思也穿著一件羽毛斑駁的斗篷，憑藉這身斗篷，他可以飛越不同世界。

死後的生命 ○

（德魯伊們）持這樣的觀點：亡者的靈魂並非像我們認為的那樣，降到了黑帝斯（Hades）那一片死寂、不見天光的冥府，而是轉世到了其他地方；如果他們是對的，那麼死亡就只是生命的無限存在的一次轉折而已。

————————————盧坎，《法薩里亞》，第 454-458 行

　　描述古高盧凱爾特人習俗的古代作家，如凱撒和盧坎，都提到過他們對死後重生的觀點。對於這些作者的說辭，有兩種解

讀方式。第一種解讀認為，人們在死後會獲得另外一個身體，並將重新來到物質世界中生活；古希臘哲學家、數學家畢達哥拉斯（Pythagoras），以及印度教也都持類似的看法。另一種解讀則是，人們保留了自己原來的肉體，並在一個與地上世界並存的異世界重新煥發活力（類似薩米人的傳統信念）。考古證據和中世紀早期愛爾蘭與威爾斯的神話文獻都讓人聯想到，凱爾特宇宙觀中盛行的死後生活觀更符合第二種解讀。

在普伊爾和安農（威爾斯的異世界）的領主亞倫文交換領地一年又一天期間，亞倫文向普伊爾下達了兩項禁令：第一，他不准和亞倫文的妻子發生性關係；第二，他需要殺死亞倫文在異世界的仇敵哈夫甘。普伊爾答應了這兩個條件，當他來到亞倫文的國度時，發現了一個閃耀著光芒的宮廷，裡面到處都是黃金、珠寶和絲綢，桌上擺滿了豐盛的食物和美酒。亞倫文的美麗妻子對她的「丈夫」拒絕和她同床共枕感到困惑和難過，但普伊爾一直嚴守著約定。

亞倫文無法親自戰勝宿敵，贏得異世界的霸主地位，看上去似乎有些奇怪，但異世界的生靈具有一個重要的屬性：他們的軀體虛弱、單薄，缺乏活人那麼旺盛的精力。在約定的一年又一天過去之後，普伊爾遇見哈夫甘，將他殺死，回到了人間的王國阿爾伯思，才發現按照人間時間，他根本就沒有離開過。但普伊爾的手下卻觀察到他在靈性世界中逗留過後，身上發生了很大的變化：他們驚訝於君主變得比在這場異世界冒險發生之前更加慈愛和慷慨了。

重生大鍋 ○

我會給你一個大鍋，它擁有這樣的屬性：如果你今天將當天戰死的手下屍體扔進大鍋中，到了明天他就會毫髮無傷地復活過來，只除了一件事：他從此不能再講話了。

―――――――――――――《馬比諾吉昂》第二分支

「好神」達格達主掌愛爾蘭的生育能力，因此他有一串情人，其中包括博因河女神波安。達格達還有許多神奇的魔法物品，其中最重要的是一根巨棍和一個巨大大鍋。巨棍的一端用來帶走生命，另一端則能恢復生命。而他的大鍋則代表著土地的永恆繁榮，因為它是一個重生之鍋，能夠提供源源不絕的食物，永不減少。

《馬比諾吉昂》的第二分支講述了一個神奇的重生大鍋故事，它是「被祝福者」布蘭的財產。有著讓陣亡士兵復活的能力，第二天他們就能成為投入戰鬥的新戰力，甚至要比從前更加勇猛。但是這個復活神器也有缺點，因為從中重生的戰士會永遠失去講話的能力。這實際上就意謂著，它們是一群殭屍，一群僅僅為了繼續戰鬥而被借到活人世界的亡靈。

凱爾特人高度重視語言，認為語言是人之為人的本質所在。演說和詩歌是他們社群的基石。因為語言的力量甚至比戰爭的技巧更為重要，所以吟遊詩人和先知在他們的社會中享有最高的地位。這個故事的觀眾會意識到，從布蘭的大鍋中重生的人之所以是啞巴，是因為他們仍然屬於亡者的世界，是一枚枚神

之意志的棋子，只是短暫地為了戰鬥才回到地上。

想像魔法大鍋

　　很少有考古證據能與神話故事形成直接的對照。但是，充滿象徵元素的古德斯特拉普大鍋——儘管製於西元前 1 世紀，這比神話故事寫成文字形式要早得多——很可能就是這樣一個直接印證了神話記載的物件。其中一幅令人印象極為深刻的畫面（下圖）就描繪了一個與威爾斯故事「布蘭的大鍋」非常相似的場景。

　　大鍋的這個內板由上下兩部分組成。下方飾帶畫的是一隊面朝左行進的步兵，除了一人外，手中都拿著劍和長方形盾牌；隊伍最後一人（這部分飾片上唯一一個戴頭盔的戰士）有把長劍，但沒有盾牌。他身後是三個號手，每個人手持卡尼克斯

古德斯特拉普大鍋的內部飾片。這個飾片描繪了戰士在大鍋重獲生命的場景。

（carnyx）——這是一種長柄戰爭號角，頂部有顆咆哮的野豬頭顱。在內接片左側，這列隊伍面前是一隻獵犬和一個巨人，巨人的身形比士兵高了兩倍多；他正把一名面朝下的戰士丟入大缸或大鍋裡。上邊的圖片則刻了四名騎兵，馬蹄高舉，像是表演花式騎術，從大鍋向外行進。每個全副武裝的騎兵頭戴飾有動物象徵的頭盔。率領這隊騎兵的是一條長著公羊角的大蛇。

　　人們很容易把古德斯塔拉普大鍋的這一幕解讀為《馬比諾吉昂》描述的重生場景。如果這種解讀是正確的，那麼下面的步兵可能代表陣亡的戰士，在神奇的重生大鍋前列隊等候復活，他們將重生變成騎兵。長著牛角的蛇可能是「雙靈」、薩滿的生物，其混種的外形指向它具有引領靈魂穿越不同世界的能力。此外，下面步兵的眼睛緊閉，彷彿死去，而上面騎手的眼睛則是睜開的。

與亡者同席

麥克達的旅店有 7 扇門、7 道入口、7 個大鍋。每個鍋裡都裝滿牛肉和醃豬肉，每個人輪流從鍋前走過，將肉叉插進鍋裡。

——阿爾斯特故事群的〈麥克達的豬〉

　　愛爾蘭《侵略之書》描述之前統治這片土地的達南族如何被下一波入侵者蓋爾人（或凱爾特人）趕走。不過達南族並沒有徹底離開愛爾蘭，只是離開了人類世界，退到了異世界的一堆

亞瑟的大鍋

威爾斯散文故事〈安農的戰利品〉是在 13 世紀末或 14 世紀初寫成文字。它是一個神奇異世界容器的故事，這個容器由閃耀奪目的青銅製成，上面鑲嵌著寶石。這個大鍋有著倔強的脾氣：它絕不會為懦夫燒飯，而且還需要 9 個處女的呼氣來加熱肉湯。它具有異世界的典型特徵：它給予，但也會剝奪。亞瑟曾大膽地冒險，設法偷走了這個大鍋，但他的大部分力量卻在這次嘗試中消耗殆盡。這個容器被命名為「佩爾・安農」（Peir Annwfn），意思是「異世界大鍋」。

西元前 8 世紀製造的一個古代大鍋，連同另一個更破碎的器皿和其他珍寶，被扔進了南威爾斯的林沃爾，它令人強烈地聯想到「佩爾・安農」，因為它的四周布滿了圓頂鉚釘，遠遠超過連接金屬片所需的數目。晚上，當壁爐爐火這唯一的光源點燃時，這個曾經閃亮的紅金大鍋就會反射火焰的顏色，變得明亮耀眼，鉚釘則像鑽石般閃閃發光。也許在中世紀早期，偶然發現了林沃爾大鍋等古代物品，讓說書人將舊意象編成新神話。如果這類古物是從湖泊或池塘發現的，似乎正屬於異世界造物。

在林沃爾發現的約西元前 700 年向神靈獻祭的大鍋（共發現一對，這是其中之一）。

丁金伍德（Tinkinswood）的新石器時代墓室，早期的威爾斯－凱爾特人很可能將它當成了神靈的居所。位於南威爾斯的南格拉摩根（South Glamorgan）。

「仙丘」安家。因此，異世界並非只有一位唯一的主神，而是有著許多神，每位神都有一間「宴會廳」（bruiden）。這些「旅店」經常用奢華的食物宴請賓客，來到這裡的亡者可以整天整夜大吃大喝，酒不斷流淌，豬肉源源不絕供應，因為那裡的豬每天被屠宰後都會重新活過來，又再度被宰殺及烘烤。

大張旗鼓地送別：葬禮筵席 ◯

他們的葬禮，按高盧人的生活方式來說，可以算是鋪張奢靡了。只要被認為是亡者生前喜愛的東西都投進火裡，包括牲畜。距今不久以前，甚至連奴隸和僕從，只要被認為是主人所喜歡的，在葬禮完畢時也跟著一起燒掉。

————————————凱撒，《高盧戰記》第 6 卷第 19 章

　　神話中有一條很強烈的訊息，就是相信死後有另一段真實的生命，這段來世生命反映了所有美好的塵世生活。鐵器時代的不列顛及附近歐洲大陸的一些葬禮考古清楚顯示出，當時處理亡者的方式是以盛宴為中心。儘管沒有跨時區或跨區域的普遍性，但仍然有一種持續的儀式脈絡，包括排場、儀禮和公共宴飲，這些都是社群中有錢有勢的人家才有。

　　那麼這種炫耀性消費實際上意謂著什麼呢？餐具和酒具的存在及屠宰肉類的痕跡，是否僅指向一個愉快的歡送場合，一群歡聲笑語的哀悼者吃掉他們的「烤肉」？或者，在對來世的認識方面，這個死亡盛宴的物質證據可能蘊含了更深的意義嗎？葬禮的作用僅是在哀悼者之間分享一餐飯，還是也包括了與神靈分享他們的筵席？在葬禮上提供食物和酒水，是幫助亡者進入「快樂異世界」的必要條件嗎？將食物放在墳墓可能有多方面的作用，但最重要的是，它一方面代表了堅信死後有來世，另一方面也代表了需要安撫異世界的靈性守護者。

英勇的死亡 ○

對於凱爾特貝里安人（Celtiberians）來說，戰死沙場是光榮的；而且他們認為將這樣一位戰士的遺體燒掉是罪行，因為他們相信，如果他的身體被戰場上的食腐鳥類吃掉，他的靈魂就會升上天堂與神相會。

——西利烏斯・伊塔利庫斯（Silius Italicus），
《迦太基之戰》（*Punica*）第 3 卷第 342-348 行

埃里亞努斯（Aelian）和西利烏斯·伊塔利庫斯這兩位古羅馬作家，都對西班牙東北部的凱爾特人舉行的奇怪儀式發表過見解。在戰鬥中殞命的貴族戰士，屍體是被天葬（將屍體暴露在野外），以便他們的肉體被禿鷲吃掉。人們相信，這些鳥是獻給天空之神，透過這種方式，勇士的靈魂就會被送到天上諸神。

在荷馬（Homer）的史詩《伊利亞特》（Iliad）以及維吉爾（Virgil）的《阿伊尼斯記》（Aeneid）中，分別描述了古希臘人和特洛伊人的葬禮習俗，以及為英勇犧牲的戰士所舉行的儀式。人們對英雄遺體的處置方式，是在巨大的火葬柴堆上火化，這樣遺骸就能升上天界與眾神為伍。羅馬征服時期的不列顛，也可以找到與此相似的葬禮儀式。大約在西元 50 年，有一名酋長死於維魯拉米恩（Verulamium）——今天的聖奧爾本斯（St Albans）。他先是被靜置了一段時間；然後與幾件遺物一起放在火葬柴堆上焚燒。隨後，他的遺體被放在圍起來的墳墓裡，墳墓的入口處埋葬了兩個女人的屍體，也許是用來當亡者的靈性守護者。這個埋葬地位於鐵器時代和羅馬時期城市北邊的愚人巷（Folly Lane），在整個羅馬時期一直是一處重要的地點，彷彿這位不列顛貴族在人們的記憶裡成了一位仁慈的祖靈，以某種方式成為守護著這個地方的獨特精神。

英國鐵器時代晚期的其他獨特墓葬，可能為初期凱爾特人與死亡相關的信仰體系提供一些線索。其中一個特別引人注意，首先是因為墓中埋葬的「英雄」是女性，其次是因為墳墓的陪葬品及遺體都傳達了與紅色相關的強力訊息，而紅色對凱爾特

不列顛貴族的葬儀

1965 年，在英格蘭東南部韋爾溫花園城（Welwyn Garden City）的新住宅開發，挖掘天然氣管道的工人偶然發現了一座有 2,000 年歷史、內容豐富的墓葬。該墓葬屬於鐵器時代晚期不列顛的社會最高領袖，亡者約在西元前 1 世紀末去世。儘管墳墓裡一些物品被現代挖掘者弄壞了，但仍有足夠的數量保留下來，讓考古學家得以拼湊出墳墓的原貌。一面牆邊放著 6 個地中海葡萄酒大酒瓶，推測它們曾經裝滿了酒。地板上放著 36 個精緻陶器，大多數是本地製造，但有兩個盤子和一個酒壺來自高盧。葡萄酒具還包括一個銀質酒杯和一個濾網，用來過濾義大利紅葡萄酒的沉澱物。

屍體在火化前被裹在熊皮裡，因為燒焦的熊爪在墳墓裡留了下來。人類遺骸旁邊放了一套 24 個精美的玻璃籌碼，用於桌上棋類遊戲。該遊戲可能與古埃及的葬禮遊戲塞奈特棋（senet）相似：將籌碼放在墓中，可能是為了讓亡者和異世界神靈之間做遊戲之用。也許亡者必須贏了遊戲才能進入來世。

鐵器時代晚期不列顛貴族墓葬中的陪葬品，包括一整套宴飲用具。出土於哈特福郡的韋爾溫。

神話的異世界象徵非常重要。這個女人的葬禮是在東約克郡的威頓舉行（圖片可參見第 14 頁）。她去世時大約 35 歲，與一輛雙輪的儀典戰車一起下葬，這輛戰車可能是她在戰鬥中所用，戰車被倒放在她的身上。哀悼者在她的軀幹上放了幾條豬腿肉，還在她的脛骨上放了一面鏡子。

以上各種做法都與英國東北部許多聞名的「戰車墓葬」相符。然而，她的陪葬物（包括馬具和頭飾）多處使用了從地中海進口的紅珊瑚。此外，她扭曲的臉骨顯示，這個女人生前鼻子附近有一個鮮紅的瘤，讓她的容貌顯得頗為詭異。這個女人的畸形非但沒有讓她遭到排斥或驅逐，反而可能使她顯得特別，她的葬禮規格豪華，很可能顯示她的地位很高。也許這位「紅色女人」在社群中享有特殊地位，是因為人們認為她來自異世界。

異世界中的生活 ○

當亞倫文將普伊爾帶入他在異世界的王國安農時，進入似乎很容易，沒有任何特別的障礙或是需要設法衝破的門禁。事實上，亞倫文向普伊爾保證，說他不會遇到任何阻礙。而愛爾蘭神話對凡人怎麼才能進入異世界有著不同的看法。水（湖泊或海洋）提供了入口點；通往地下的洞穴，以及古老的土丘墓葬（如紐格萊奇）也是入口點。某些島嶼被認為位於異世界，例如海神曼納南的故鄉曼島（Isle of Man）。

　　7 世紀的故事《布蘭的航行》講述了布蘭和手下被一位美麗的女神吸引，前往蘋果樹島的故事，蘋果樹島是個女人國，這就是一個「快樂異世界」的例子。這個故事充分體現了異世界的兩面性。這是一個時間停滯、永恆不變的地方，布蘭和手下在這裡住了一段時間，但有些人開始想家，想坐船回到愛爾蘭。島上婦女警告他們不要觸碰陸地，但當他們的船靠岸時，其中最想家的人忍不住跳下船，想涉水穿過淺灘。他的腳一碰到海岸，瞬間碎成塵土，因為他的身體迅速衰老了 300 歲。

　　故事中的異世界就是「永保青春之地」提爾納諾，但如果人類回到他們自己世界的時間之中，提爾納諾的魔法就失效了。傳說中亞瑟王葬身的海島「阿瓦隆」（Avalon），字面上的意

位於斯凱利格‧邁克爾（Skellig Michael）島上的科洛禪（Clochans）是一種由乾石塊砌成的「蜂窩狀石屋」。這座島距離愛爾蘭西南海岸 8 英里。

思就是「蘋果樹島」。根據中世紀法國的亞瑟王傳奇，如聖杯故事中的說法，阿瓦隆位於格拉斯頓伯里（Glastonbury），是沼澤、低窪和盛產蘋果的薩默塞特平原（Somerset Levels）之間的一座「島」。

另外的傳說也講述了活人與異世界的相遇。其中一則故事是有個叫做奈拉（Nera）的男人，他住在梅芙女王和丈夫艾利爾掌權期間的康納赫特。奈拉通過克魯卡欣洞穴的一處入口進入了異世界，克魯卡欣洞穴位於羅斯康芒郡（Co. Roscommon），是石灰岩天然形成的裂縫，但傳說認為它是一個仙丘。奈拉的這次冒險也發生在薩溫節，那時人類世界和靈性世界之間的界限變得異常模糊。

雖然奈拉是一個活生生的凡人，也是眾神之地的入侵者，但他被允許留下來，甚至娶了一位仙丘的女神。她預言，除非仙丘本身先被摧毀，否則梅芙的克魯卡欣宮廷將會被一場火災徹底毀掉。奈拉在冬天回到人間世界警告梅芙，身上帶著這個季節不可能存在的夏季植物（櫻草、大蒜和金蕨），向人們證明他來自時節與人間完全不同的異世界。於是康納赫特的部隊入侵仙丘，大肆洗劫，帶走了大量的財寶，但奈拉仍然留在妻子和家人那裡，再也沒有回到人類的世界。

奧伊辛與永保青春之鄉

異世界的難以捉摸，在芬恩故事群的一則故事也有展現，這個故事與《布蘭的航行》非常相似。芬恩的首領芬恩有個兒子名叫奧伊辛（Oisin，意思是「幼鹿」）。有天芬恩的費奧納戰團外出打獵，遇到了一名叫做尼亞芙（Niav）的年輕漂亮女人。奧伊辛愛上了她，她將奧伊辛引至自己的國度——快樂的異世界，永保青春之鄉。他留在那裡的期間，時間始終靜止不動，但最後他開始想家了。

在法國盧瓦雷省（Loiret）敘利阿地區訥維發現了鐵器時代晚期的青銅公鹿。

尼亞芙心不甘情不願地讓奧伊辛回去看故鄉愛爾蘭最後一眼，並警告他無論如何都不要讓身體的任何部分接觸到故鄉之土。她將自己的白馬借給了奧伊辛，但當他到達愛爾蘭時，看到時間已經過了幾百年，費奧納已經消失得無影無蹤了。他無比震驚，不由得緊勒住馬，但固定馬鞍的帶子卻斷了，讓他整個身體落到沙灘上。一瞬間，極度的衰老降臨到他身上，他就化作了塵土。

在亡者之中

托爾金在《魔戒》（*The Lord of the Rings*）中描繪了幾幅精彩的亡者形象。也許其中最令人印象深刻的是山姆（Sam）和佛羅多（Frodo）在墮落的前哈比人咕嚕（Gollum）的指引下，穿越死亡沼澤（Dead Marshes）前往魔多（Mordor）的旅程。這片荒涼的沼澤地遍布著星星點點的鬼火。在濕地凝滯的表面之下，他們看到了那些與邪惡勢力戰鬥陣亡的屍體，這些屍體保存完好，蒼白的面孔毫髮無損，看起來彷彿只是睡著了一般。在電影中，佛羅多偏離了道路，跌入水中，似乎進入了亡者的世界，而亡者很渴望將他留在地表之下，與自己做伴。

這裡托爾金所使用的意象，呼應了沼澤屍體的考古發現，它們是在鐵器時代和羅馬統治時期，英國、愛爾蘭和北歐等常有高位沼澤的地方，由於某種原因被放在沼澤中的人類遺骸。這些古老的沼澤屍體中，有很多都顯示出暴力痕跡，或是非正常死亡的跡象，通常是被勒死或絞死。為什麼某些人的屍體會被以這種方式放在沼澤仍是個謎，但部分原因一定與想中斷屍體正常的腐爛過程有關，因此，很可能是為了將他們「凍結」在物質世界和其他世界之間。

或許，有些生前具有某種地位、或做過某些行為的人，死後不能成為祖靈。這可能是出於消極的原因，因為他的靈魂太危險了，不能讓他自由地在來世活動；也可能是出於積極的原因，因為要讓他可以「隨時隨地」繼續幫助活人的社群；又或是因為他是一個強而有力的媒介，能夠連通人類世界與諸神世界。

2003 年，奧法利郡（Co. Offaly）和米斯郡的泥煤工人分別

發現了兩具死於西元前 300 年左右的愛爾蘭沼澤屍體。據推斷，他們的身分比較特殊，因為他們具有異常的身體特徵，而且遺體的發現地點位於中世紀的國界（這些界線可能有更早的起源）。其中之一的「老克羅根人」（Old Croghan Man）身材頗為龐大，身高 191 公分，體格魁梧；推斷他有特殊的地位，因為他戴著獨特的皮編臂章，內部飾有金屬。第二具「克隆尼卡文人」（Clonycavan Man）的身材較為矮小。令他與眾不同的是，他的長髮在頭頂上編成了複雜的樣式，並由一種從法國南部或西班牙進口、以動物脂肪和松脂製成的髮膠固定。這一定是種昂貴的保養品，因而可以辨認或得知克隆尼卡文人的高貴身分。他的頭髮中還有一些寄生蟲，顯示死亡之前有段時間一直梳著由髮膠定型的髮式，並不是死後上妝時才編的髮型。

這兩個人在死前都遭受了持續和殘暴的傷害，是致死之因。老克羅根人的雙臂曾被橡樹枝製成的武器刺穿；臨死前乳頭還被割掉；最後被斬首，砍成兩半。克隆尼卡文人則被開膛破肚，頭上也遭受了一陣瘋狂的斧頭重擊。這些人生前一定曾具有特殊的地位，並且經歷了特殊的死亡。他們被葬在兩國邊界上的泥炭沼澤之中，這可能是故意放在通往異世界的通道之上。他們之所以被犧牲，可能是因為犯罪或打破禁忌，也可能僅因他們是特殊的人物，甚至可能是薩滿，因為太危險（或是太有價值）而不能得到正常的死亡和埋葬。

林多人（Lindow Man）

1984 年 8 月，一些泥煤工人在柴郡的林多沼澤施工時，挖土機探頭碰到了一條手臂，於是發現了一具 2,000 年前的沼澤屍體。遺骸屬於一個 25 歲左右的年輕男子。他光著身子，除了一枚狐皮製成的臂章，沒有任何其他陪葬品。他胃中留有尚未消化完的槲寄生，這表明他吃了一頓特別的「最後晚餐」。像愛爾蘭的那兩具屍體一樣，這個人死前受到了殘暴的傷害：頭部至少受到兩次重擊，擊碎了他的頭骨，使他陷入昏迷狀態；隨後又被絞索勒住脖子，還被割斷了喉嚨。

他受到的三重致命傷害，讓一些人將他與中世紀早期神話中一些愛爾蘭國王遭受的儀式性「三重死亡」相連。這些國王，包括 6 世紀的迪爾梅德·麥克·瑟海爾（Diarmaid mac Cerbhaill），他向宮中智者詢問自己會如何死去，得到的答案是他會被刺傷、淹死在一桶啤酒裡，然後被火燒死。迪爾梅德蔑視這個預言，但它最終還是成真了。「林多人」也被選中以這種特殊的方式處死、下葬。很重要的是，如此一來他的身體就會凍結在時間之中，永不腐爛，這剝奪了他獲得正常的葬禮，並無法順利進入異世界。他通往異世界的旅程被鎖定在人類世界的門口。

林多人，在柴郡的林多沼澤中發現的鐵器時代晚期屍體。

凱爾特異世界的曖昧性 ○

要理解凱爾特世界觀中亡者世界的概念，並不是一件容易的事。隨著我們納入考慮的證據不同，凱爾特來世的形象似乎也像喀邁拉（Chimera）般不斷變化（編按：喀邁拉是希臘神話中獅頭、羊身、蛇尾的噴火怪物）。異世界可能位於天空、地下、洞穴或島嶼中。神話文獻呈現了一個反覆無常、變幻莫測的異世界形象，既美妙又可怕。在愛爾蘭的傳統中，神靈會不斷地隨意干預活人的生活，影響是好是壞全憑其心意而定。通往異世界的入口是充滿危險和敵意的邊界之地。但與此同時，來世則呈現為一片神奇之地，處處充溢著財富和奢華的盛宴，在那裡沒有人會變老。威爾斯神話也講述了一個類似的故事，儘管沒有這麼色彩斑斕。

無論是在愛爾蘭還是威爾斯，異世界與塵世生活的距離都非常近，近得讓人有些不舒服。活人身邊隨處可見預兆和魔法的象徵。然而最重要的是，這兩種中世紀的傳統說的都是貴族人家和他們與靈性世界的來往經驗。要想得到考古證據的支持，一定要考察前羅馬鐵器時代的物質文化，這當然會帶來斷代方面的問題。我們可以假定，沉在水中的古代大型大鍋，與愛爾蘭和威爾斯神話中的重生大鍋有任何關係嗎？鐵器時代墓葬中有關葬禮宴飲的大量證據，與愛爾蘭傳說中「仙丘」裡的宴會又有什麼關聯嗎？如果這些關聯的確具有效力，那麼西元前1世紀晚期的傳統，是如何滲透到中世紀說書人，以及記錄下這些故事的修士呢？就像異世界本身一樣，這些都是令人困惑的問題；而最終的答案，我們可能永遠無從得知。

終章

異教與基督教：神話的變形

這是德魯伊或發誓作惡的殘忍者的悔罪，或是諷刺作家、未婚同居者、
異教徒或通姦者的悔罪，也就是 7 年的時間裡只吃麵包和水。

——————————————————————7 世紀愛爾蘭的悔罪者

　　《寄養在有兩個奶罐的家裡》（*Altram Tige dá Medar*）是一
部愛爾蘭中世紀晚期的文本，它記錄了基督教信仰對異教的直
接挑戰。戀人之神奧恩古斯和海神曼納南都是達南族的成員，
但在這份文本中，兩位神都承認基督教的神比任何一位愛爾蘭
異教神有更強大的力量。

　　早在 7 世紀，愛爾蘭的故事就被寫成異教和基督教並列，而
基督教不可避免地總是獲勝。布麗姬既是異教女神，也是基督
教聖徒。在她異教的形象中，她是達南族的一員，既是一位神，
也是三重神。她神通廣大，主掌工藝、治療（特別與婦女分娩
有關）和詩歌；她也是牛奶廠和啤酒釀造廠的保護人。她的節
日是英勃克節，人們慶祝新羔羊的出生。

我不潔淨，但那女孩充滿了聖靈。
但是，她不吃我的食物。

————————————————《聖布麗姬傳》（*Vita Brigitae*）

　　布麗姬是罕見的例子，她既是凱爾特女神，同時也是基督教聖徒。7 世紀，一位名叫科吉托蘇斯（Cogitosus）的修士用拉丁文寫了一本《聖布麗姬傳》。這位神聖的女性據說是 5 至 6 世紀基爾代爾郡（Co. Kildare）一座基督教修道院的創始人兼院長，但這可能只是傳說，並非真有其人。早期文本對布麗姬的對待方式，展示了異教和基督教元素的奇妙融合，利用了兩種體系相互對抗時的張力。布麗姬在德魯伊家庭長大，她無法忍受德魯伊給她的食物，因為食物已被異教徒的手汙染了，所以餵食給她的牛奶是來自一頭特殊的白色母牛，頭上還有紅色的牛耳──牛的兩種顏色表明這頭母牛屬於異教的異世界。布麗姬的德魯伊養父意識到她的純潔以及對基督教的興趣。他甚至根據夢境而選擇她的名字，他在夢裡遇到三位基督教修士，指示他要把養女取名為布麗姬（恰好是一位愛爾蘭女神的名字）。但即使布麗姬作為基督教聖人，依然保留了一些原本異教神的職責，特別是製作牛油和釀酒。

　　布麗姬的故事將異教轉為基督教的過程，描繪成非常和平、幾乎天衣無縫的過渡，但同樣撰寫於 7 世紀的聖派翠克的生平則完全不是如此，據說他在 432 年使愛爾蘭改信基督教。異教徒和基督徒之間的衝突貫穿了派翠克的故事。特別值得一提的是，派翠克對德魯伊作為國王顧問的高貴地位和神奇力量提出了挑戰，這些德魯伊對派翠克輕蔑地嘲諷他們的靈性能力感到憤恨。一個特別有影響力的故事，是聖派翠克與洛克哈爾國王（King Loeghaire）一位叫做盧凱（Lucat）的德魯伊不和。盧凱試圖在塔拉一個重要的異教節慶上在派翠克的酒裡下毒，當他

失敗後，又用火的審判來挑戰派翠克，最終還是派翠克獲勝。
於是洛克哈爾國王相信了派翠克的力量，改信了基督教。

　　這些關於布麗姬和派翠克的文字紀錄，是西元第一個千禧年
中葉所寫，呈現異教（以德魯伊為代表）和基督教（以聖徒為
代表）關係的文獻證據。但其他證據也指出舊的多神教和新的
一神教之間的關聯。基督教的三位一體（聖父、聖子和聖靈）
恰好呼應了凱爾特異教由來已久的三重性。凱爾特神話（以及
早期的信仰象徵）充斥著三重意象，所以基督教神職人員與異
教徒溝通時，三重性是他們舒適而熟悉的概念。

19 世紀的彩色玻璃窗畫了聖布麗
姬，位於愛爾蘭萊伊什郡（Co.
Laois）的巴里萊南（Ballylynan）。

　　異教與基督教之間的過渡不僅在文獻證據呈現，在藝術方面也是如此。威爾斯卡地夫（Cardiff）的蘭達夫座堂（Llandaff Cathedral）有一幅 19 世紀的石雕，刻了一顆三面的頭顱，被當作三位一體的象徵，但也完全可以看作異教神話三重頭顱的形象。我們可以在 4 世紀君士坦丁時期的考古證據中，發現用異教信仰引導人們改信基督教的想法。1975 年，人們用金屬探測器在劍橋郡（Cambridgeshire）的羅馬城鎮杜魯布瓦（Durobrivae）發現了一堆早期基督教堂使用的盤子。這些碎片中有銀製的羽毛形紀念牌，這是放在羅馬—不列顛異教聖祠中的常見祈禱物品。但這些牌子上有金子製成的凱樂（Chi-Rho）符號，這個符號是由「基督」的兩個希臘字母組成。很顯然，這些物品曾被小心地用來重新包裝舊信仰體系的象徵，以吸引人心歸附新宗教。

　　人頭是神話和前基督教意象中的另一個永恆主題。但早期的基督教藝術家也為這個宗教符號著迷。8 至 9 世紀的愛爾蘭十字架上出現了誇張的頭像，例如基爾代爾郡的穆恩十字架（Cross of Moone）底座周圍聚集的使徒頭像，以及愛爾蘭城市阿索龍（Athlone）附近林納根（Rinnagan）的耶穌十字架上的基督頭像。也許最令人印象深刻的基督教—凱爾特藝術作品出自一份傑出的抄本，這是 8 世紀末至 9 世紀初的《凱爾經》（Book of Kells），其中一頁有奇妙的凱樂符號圖案。這一頁上覆蓋著各種圖案，包括無數的三色漩渦（這是一種深受愛爾蘭和威爾斯鐵器時代的鐵匠喜愛的三臂漩渦）。但占據頁面的是一顆沒有軀體的人頭。

4世紀初，當君士坦丁大帝宣布基督教為羅馬國教時，異教（不管是凱爾特的異教或羅馬的異教）當然不是一夜之間就消失了，而是繼續存在了幾個世紀。凱爾特神話是由基督教修士編撰成文本的形式，但憑藉的是之前說書人所流傳下來的口述傳統，銘記著異教徒的傳承，儘管這些文本受到基督教抄寫者的改寫，但還是被深深地拖入過去的歷史之中。一些寫下神話的修士，甚至自身可能是在口述故事的環境中長大的。甚至有時還可以看到在基督教的裝飾之中，仍然保存了愛爾蘭和威爾斯的民間神話，例如編織或創造一幅豐富多彩的掛毯時，其中也包括了古神、超自然生物、法術，以及不斷干預人類事務的神靈的故事。即使基督教在凱爾特地區已經普及了幾個世紀，異教神話傳統的力量依然繼續顯現，並沒有被新的一神教信仰抹滅掉：一個生活在 10 世紀晚期的人，很可能在公開場合是基督徒，私下依然是異教徒。

延伸閱讀 ○

一般譯本

Davies, S., trans., *The Mabinogion. The Great Medieval Celtic Tales*, Oxford, 2007

Delaney, F., *Legends of the Celts*, London, 1989

Gantz, J., trans., *Early Irish Myths and Sagas*, London, 1981

Green, M. J., *Dictionary of Celtic Myth and Legend*, London and New York, 1992

Green, M. J., *Celtic Myths*, London, 1993

Green, M. J., ed., *The Celtic World*, London and New York, 1995

Green, M. J., and R. Howell, *Pocket Guide to Celtic Wales*, Cardiff, 2000

James, S., *Exploring the World of the Celts*, London and New York, 1993

Kinsella, T., trans., *The Táin*, Oxford, 1969

Mac Cana, P., *Celtic Mythology*, Feltham, England, 1983

O'Faolain, E., *Irish Sagas and Folk-Tales*, Oxford, 1954

德魯伊

Aldhouse-Green, M. J., *Caesar's Druids*, New Haven and London, 2010

Chadwick, N., *The Druids*, Cardiff, 1997 (2nd edn; 1st edn 1966)

Cunliffe, B., Druids. *A Very Short Introduction*, Oxford, 2010

Fitzpatrick, A. P., *Who Were The Druids?*, London, 1997

Green, M. J., *Exploring the World of the Druids*, London and New York, 1997

考古學

Brunaux, J.-L., trans. D. Nash, *The Celtic Gauls: Gods, Rites and Sanctuaries*, London, 1988

Green, M. J., *The Gods of the Celts*, Stroud, 1986

Raftery, B., *Pagan Celtic Ireland*. London and New York, 1994

關於凱爾特的討論

Collis, J., *The Celts. Origins, Myths, Inventions*, Stroud, 2003

James, S., *The Atlantic Celts. Ancient People or Modern Invention?*, London, 1999

引文出處 ○

文中未包括的書卷如下：

Caldecott, M., *Women in Celtic Myth*, London, 1988

Carson, C., *The Tain: A New Translation of the Táin Bó Cúailnge*, London 2008

Duff, E., trans. *Silius Italicus Punica*, London, 1949

Falconer, W., trans., *Cicero de Divinatione*, London, 1922

Graves, R., trans., *Lucan Pharsalia*, Harmondsworth, 1956

Harrison, G. B., (ed.), *Macbeth: The Penguin Shakespeare*, Harmondsworth, 1937

Hennessey, W. M., 'The ancient Irish Goddess of War', *Revue Celtique* 1, 1870–72

Jones, G., and T. Jones, *The Mabinogion*, London, 1974

Minahane, J., *The Christian Druids. On the Filid or Philosopher-Poets of Ireland*, Dublin, 1993

O'Faoláin, E., *Irish Sagas and Folk Tales*, Dublin, 1986

Ross, A., *Pagan Celtic Britain*, London, 1967

Sjöblom, T., 'Advice from a Birdman: Ritual Injunctions and Royal Instruction in TBDD', in A. Ahlqvist, G. W. Banks, R. Latvio, H. Nyberg and T. Sjöblom, eds, *Celtica Helsingensia*, Helsinki, 1996, 233–51

Stokes, W., *Coir Anman*, Leipzig, 1897

Thorpe, L., trans., *Giraldus Cambrensis. The Journey Through Wales*, Harmondsworth, 1978

Tierney, J. J., 'The Celtic Ethnography of Posidonius', *Proceedings of the Royal Irish Academy* 60, 247–75

Webb, J. F., trans., *Navigatio Brendani. The Voyage of Saint Brendan*, Harmondsworth, 1965

Webb, T., ed., *W.B Yeats Selected Poems*, London, 2000

Winterbottom, M., *The Ruin of Britain and Other Works*, London, 1978

Wiseman, A., and P. Wiseman, trans., *Julius Caesar. The Battle for Gaul*, London, 1980

圖片出處 ○

1 Photo Jean Roubier; **2** Paul Jenkins; **8, 9** Martin Lubikowski, ML Design, London; **14** Humber Archaeological Partnership, Hull; **21** © National Monuments Service, Dublin. Department of Arts, Heritage and the Gaeltacht; **23**（左）Royal Irish Academy, Dublin; **23**（右）Jesus College, Oxford; **25**（上）Ulster Museum, Belfast; **25**（下）Newport Museum & Art Gallery; **29** Illustration © Anne Leaver; **34, 36** Nationalmuseet, Denmark; **38** Corinium Museum, Cirencester; **39** National Museum of Ireland, Dublin; **43** Paul Jenkins; **51** Musée Historique et Archéologique, Orléans; **52** Paul Jenkins; **54** National Gallery of Scotland, Edinburgh; **57** Paul Jenkins; **61** Universitätsbibliothek, Heidelberg/Bridgeman Art Library; **63** Rheinisches Landesmuseum, Stuttgart; **65** British Museum, London; **73** The Irish Times; **77** Photo: Carole Raddato; **78** Paul Jenkins; **79** Bristol City Museum; **86** Gloucester City Museum; **87** Paul Jenkins; **91** The Irish Times; **99**（上）Paul Jenkins; **99**（下）Nationalmuseet, Denmark; **111**（上）Landesmuseum, Zurich; **111**（下）National Museum of Ireland, Dublin; **117** Barbara Crow; **121** © Crown Copyright (2014) Visit Wales; **128** National Museum of Ireland, Dublin; **130** Musée d'Archéologie Nationale, St-Germain-en-Laye; **135** TopFoto; **138** Werner Forman/Corbis; **140** Irish Tourist Board; **142** Musée Historique et Archéologique, Orléans; **143** Paul Jenkins; **144** Miranda Aldhouse-Green; **154** Musée de la Préhistoire Finistérienne, Brittany; **155** The Trustees of the British Museum, London; **156** Nationalmuseet, Denmark; **157** National Museum of Wales, Cardiff; **158** Musée National du Moyen Âge, Paris; **160** Illustration © Anne Leaver; **161** Musée Archéologique, Dijon; **167** Musée National du Moyen Âge, Paris; **169** National Museum of Wales, Cardiff; **171** Miranda Aldhouse-Green; **176** Nationalmuseet, Denmark; **180** Miranda Aldhouse-Green; **181** Stephen Conlin; **182** Paul Jenkins; **186** Miranda Aldhouse-Green; **187** Illustration Rowena Alsey; **191** Newport Museum & Art Gallery; **193** Archäologiemuseum, Graz; **194** Musée de Bretagne, Rennes; **198** from William Stukeley, Stonehenge, a Temple Restor'd to the British Druids, 1740; **204** Musée Archéologique, Dijon/Bridgeman Art Library; **205** National Museum of Ireland, Dublin; **207** Peter Zoeller/Design Pics/Corbis; **208** Miranda Aldhouse-Green; **211** The Irish Times; **213** Department of Defence, Dublin; **214** National Geographic Image Collection/Alamy; **217** Miranda Aldhouse-Green; **222** Paul Jenkins; **225** Miranda Aldhouse-Green; **229** Nationalmuseet, Denmark; **231** National Museum of Wales, Cardiff; **232** Paul Sampson/Travel/Alamy; **235** The Trustees of the British Museum, London; **237** Tom Bean/Corbis; **239** Musée Historique et Archéologique, Orléans; **242** The Trustees of the British Museum, London; **247** Irish Tourist Board.

譯名對照 ○

路克塔（Luchta）

魯訶（Lugh）

盧格納薩多節（Lughnasadh）

利德尼（Lydney）

馬比諾吉昂（Mabinogion）

馬彭（Mabon）

馬克・凱夫特（Mac Cécht）

麥克達（Mac Da Thó）

瑪卡（Macha）

馬多克（Madawg）

瑪圖里德之戰（Battle of Magh
　　Tuiredh）

曼納南・麥克・李爾（Manannán
　　mac Lir）

馬納威丹（Manawydan）

馬波努斯（Maponus）

馬斯（Math）

馬瑟路夫（Matholwch）

馬索努伊（Mathonwy）

梅芙（Medbh）

彌德（Mide）

米迪爾（Midhir）

茉多隆（Modron）

莫吉・瑞思（Mog Ruith）

摩莉甘／摩莉根納（Morrigán /
　　Morrigna）

傳說故事群（Mythological
　　Cycle）

諾伊修（Naoise）

涅赫坦（Nechtan）

尼哈勒尼亞（Nehalennia）

奈米德（Nemedh）

涅姆蘭（Nemglan）

內尼厄斯（Nennius）

那瑟斯（Nerthus）

尼爾（Niall）

諾登斯（Nodens）

努阿達（Nuadu）

奧恩古斯・麥克・歐克（Oenghus
　　mac Oc）

奧伊辛（Oisin）

老克羅根人（Oldcroghan Man）

奧爾溫（Olwen）

巴爾托隆（Partholón）

珀西瓦爾（Perceval）

皮爾杜（Peredur）

皮德瑞（Pryderi）

普伊爾（Pwyll）

《赫格斯特紅書》（*Red Book of
　　Hergest*）

里安農（Rhiannon）

羅納布伊（Rhonabwy）

「舵湖的鮭魚」（Salmon of Llyn
　　Llyw）

薩溫節（Samhain）

斯卡塔赫（Scáthach）

賽奎安娜（Sequana）

塞坦達（Sétanta）

西方四大神話3
靈與異之凱爾特神話（二版）

The Celtic Myths: A Guide to the Ancient Gods and Legends

作　　者	米蘭達・奧爾德豪斯―格林（Miranda Aldhouse-Green）
譯　　者	劉漪
封面設計	廖韡
版面設計	廖韡
內頁排版	藍天圖物宣字社
責任編輯	王辰元
協力編輯	簡淑媛
校　　對	聞若婷

發 行 人	蘇拾平
總 編 輯	蘇拾平
副總編輯	王辰元
資深主編	夏于翔
主　　編	李明瑾
行銷企畫	廖倚萱
業務發行	王綬晨、邱紹溢、劉文雅

出　　版　　日出出版
　　　　　　新北市231新店區北新路三段207-3號5樓
　　　　　　電話：（02）8913-1005　傳真：（02）8913-1056

發　　行　　大雁出版基地
　　　　　　新北市231新店區北新路三段207-3號5樓
　　　　　　24小時傳真服務 （02）8913-1056
　　　　　　Email：andbooks@andbooks.com.tw
　　　　　　劃撥帳號：19983379　戶名：大雁文化事業股份有限公司

二版一刷　　2023年11月
定　　價　　450元
Ｉ Ｓ Ｂ Ｎ　　978-626-7382-22-6

Printed in Taiwan・All Rights Reserved
本書如遇缺頁、購買時即破損等瑕疵，請寄回本公司更換

靈與異之凱爾特神話／米蘭達・奧爾德豪斯-格林
（Miranda Aldhouse-Green）著；劉濤譯. -- 二版. --
臺北市：日出出版：大雁文化發行, 2023.11
　　面；　公分. --（西方四大神話；3）
譯自：Celtic myths: a guide to the ancient Gods and
　　　Legends
ISBN　978-626-7382-22-6（平裝）

1. 神話 2.英國 3. 愛爾蘭

284　　　　　　　　　　　　　　112018238

Published by arrangement with Thames & Hudson Ltd, London
through Big Apple Agency Inc.
The Celtic Myths © 2015 Thames & Hudson Ltd, London
This edition first published in Taiwan in 2020 by Sunrise Press, Taipei
Taiwanese edition © 2023 Sunrise Press
本書譯稿由銀杏樹下（北京）圖書有限責任公司授權使用